CODE

DES

RÉUNIONS PUBLIQUES

DES RÉUNIONS ÉLECTORALES

ET DES RÉUNIONS PRIVÉES

COMMENTAIRE PRATIQUE

DE LA LOI DU 30 JUIN 1881

A L'USAGE DES

PRÉFETS, SOUS-PRÉFETS, MAIRES, JUGES DE PAIX

ET COMMISSAIRES DE POLICE

AINSI QUE DES

ORGANISATEURS DE RÉUNIONS PUBLIQUES OU PRIVÉES

PAR

CHARLES CONSTANT

Avocat à la Cour de Paris. Directeur de la *France judiciaire*.

———

PARIS

A. DURAND ET PEDONE-LAURIEL, ÉDITEURS,

Libraires de la Cour d'Appel et de l'Ordre des Avocats.

G. PEDONE-LAURIEL, SUCCESSEUR

13, rue Soufflot, 13

1881

CODE

DES

RÉUNIONS PUBLIQUES

CODE

DES

RÉUNIONS PUBLIQUES

DES RÉUNIONS ÉLECTORALES
ET DES RÉUNIONS PRIVÉES

COMMENTAIRE PRATIQUE

DE LA LOI DU 30 JUIN 1881

A L'USAGE DES

P... , SOUS-PRÉFETS, MAIRES, JUGES DE PAIX

ET COMMISSAIRES DE POLICE

AINSI QUE DES

ORGANISATEURS DE RÉUNIONS PUBLIQUES OU PRIVÉES

PAR

CHARLES CONSTANT

Avocat à la Cour de Paris, Directeur de la *France judiciaire*.

———

PARIS

A. DURAND et PEDONE-LAURIEL, ÉDITEURS,

Libraires de la Cour d'Appel et de l'Ordre des Avocats.

G. PEDONE-LAURIEL, SUCCESSEUR

13, rue Soufflot, 13

1881

Au lendemain de la promulgation de la loi du 30 juin 1881 sur la liberté de réunion, et à la veille d'élections législatives qui ne peuvent manquer d'être l'occasion de nombreuses réunions publiques ou privées, il nous a paru utile, en publiant le texte de la nouvelle loi, d'en donner un commentaire pratique, puisé dans les débats législatifs auxquels elle a donné lieu. Un résumé des travaux préparatoires de la loi et de la législation antérieure complètera heureusement, nous l'espérons, ce petit manuel à l'usage des préfets, sous-préfets, juges de paix, maires et commissaires de police, ainsi que de tous les organisateurs de réunions publiques ou privées.

La liberté de réunion est une des conditions essentielles d'un gouvernement ami de la liberté ; c'est une liberté nécessaire dans une démocratie qui a le suffrage universel pour base de sa constitution ; et malgré les excès de langage et l'agitation factice dont les réunions publiques peuvent être la cause, nous pensons que les théories subversives qui, à la faveur de la liberté de réunion, se produisent librement dans le pays, perdent beaucoup de leur force en se manifestant au grand jour, et deviennent par là-même moins dangereuses que lorsqu'elles fermentent dans l'ombre des sociétés secrètes.

La loi du 30 juin 1881 est une loi de progrès à laquelle nous applaudissons, parce que, tout en détruisant le pouvoir arbitraire de l'aministration, elle maintient son droit de surveillance, et qu'elle combine heureusement avec les mesures répressives quelques mesures sagement préventives.

Le droit de réunion, tout en étant de droit naturel, est aussi, dans une certaine mesure, relatif et contingent, et son exercice doit par là-même être réglé suivant le tempérament, les mœurs et le caractère des peuples. Voilà pourquoi le législateur ne pourra jamais se contenter de dire : les réunions publiques sont libres, et qu'il faudra toujours qu'il apporte, selon les besoins du temps, quelques restrictions à l'exercice de ce droit, sans lequel un gouvernement représentatif, démocratique et libéral ne saurait exister.

Cн. C.

4 juillet 1881.

HISTÒRIQUE & TEXTE

DE LA

LOI DU 30 JUIN 1881

HISTORIQUE ET TEXTE

DE LA LOI DU 30 JUIN 1881

1. — La loi du 30 juin 1881 est due à l'initiative arlementaire, et son origine se trouve dans les proositions de lois successivement présentées, en 1876 et 1878 par MM. Louis Legrand, Alfred Naquet et Louis Blanc, députés.

2. — Au moment où la loi du 30 juin 1881, vient d'être promulguée, le droit de réunion était règleenté par la loi des 6-10 juin 1868, dont voici le texte ue nous reproduisons à titre de document historique,

Loi abrogée du 16 juin 1868.

ART. 1er. — Les réunions publiques peuvent avoir lieu ans autorisation préalable, sous les conditions prescrites ar les articles suivants. Toutefois, les réunions publiques yant pour objet de traiter de matières politiques ou reliieuses continuent à être soumises à cette autorisation.

ART. 2. — Chaque réunion doit être précédée d'une délaration signée par sept personnes domiciliées dans la ommune où elle doit avoir lieu et jouissant de leurs droits ivils et politiques.

Cette déclaration indique les noms, qualités et domiciles es déclarants, le local, le jour et l'heure de la séance, insi que l'objet spécial et déterminé de la réunion.

Elle est remise, à Paris, au préfet de police; dans les épartements, au préfet ou au sous-préfet.

Il en est donné immédiatement un récépissé, qui doit tre représenté à toute réquisition des agents de l'autorité.

La réunion ne peut avoir lieu que trois jours francs après a délivrance du récépissé.

ART. 3. — Une réunion ne peut être tenue que dans un local clos ét couvert. Elle ne peut se prolonger au delà de l'heure fixée par l'autorité compétente pour la fermeture de lieux publics.

ART. 4. — Chaque réunion doit avoir un bureau composé d'un président et de deux assesseurs au moins, qui sont chargés de maintenir l'ordre dans l'assemblée et d'empêcher toute infraction aux lois.

Les membres du bureau ne doivent tolérer la discussion d'aucune question étrangère à l'objet de la réunion.

ART. 5. — Un fonctionnaire de l'ordre judiciaire ou administratif, délégué par l'administration, peut assister à la séance.

Il doit être revêtu de ses insignes et prend une place à son choix.

ART. 6. — Le fonctionnaire qui assiste à la réunion a le droit d'en prononcer la dissolution : 1° si le bureau, bien qu'averti, laisse mettre en discussion des questions étrangères à l'objet de la réunion ; 2° si la réunion devient tumultueuse.

Les personnes réunies sont tenues de se séparer à la première réquistion.

Le délégué dresse procès-verbal des faits et le transmet à l'autorité compétente.

ART. 7. — Il n'est pas dérogé par les art. 5 et 6 aux droits qui appartiennent aux maires en vertu des lois existantes.

ART. 8. — Des réunions électorales peuvent être tenues à partir de la promulgation du décret de convocation d'un collège pour l'élection d'un député au Corps législatif, jusqu'au cinquième jour avant celui fixé pour l'ouverture du scrutin.

Ne peuvent assister à cette réunion que les électeurs de la circonscription électorale et les candidats qui ont rempli les formalités prescrites par l'art. 1er du sénatus-consulte du 17 février 1858.

Ils doivent, pour y être admis, faire connaître leur nom, qualité et domicile.

La réunion ne peut avoir lieu qu'un jour franc après la

délivrance du récépissé qui doit suivre immédiatement la déclaration.

Toutes les autres prescriptions des art. 2, 3, 4, 5 et 6 sont applicables aux réunions électorales.

ART. 9. — Toute infraction aux prescriptions des art. 2, 3 et 4, et des §§ 1, 2 et 4 de l'art. 8, constitue une contravention punie d'une amende de 100 fr. à 3,000 fr. et d'un emprisonnement de six jours à six mois.

Sont passibles de ces peines :

1° Ceux qui ont fait une déclaration ne remplissant pas les conditions prescrites par l'article 2, si la déclaration a été suivie d'une réunion ;

2° Ceux qui ont prêté ou loué le local pour une réunion, si la déclaration n'a pas été faite, ou si le local n'est pas conforme aux prescriptions de l'art. 3 ;

3° Les membres du bureau, ou, si aucun bureau n'a été formé, les organisateurs de la réunion en cas d'infraction aux art. 2, 3, 4 et 8, §§ 1 et 4 ;

4° Ceux qui se sont introduits dans une réunion électorale en contravention au deuxième paragraphe de l'article 8 ;

Sans préjudice de poursuites qui peuvent être exercées pour tous crimes ou délits commis dans ces réunions publiques et de l'application des dispositions pénales relatives aux associations ou réunions non autorisées.

ART. 10. — Tout membre du bureau ou de l'assemblée, qui n'obéit pas à la réquisition faite à la réunion par le représentant de l'autorité d'avoir à se disperser, est puni d'une amende de 300 fr. à 6,000 fr. et d'un emprisonnement de quinze jours à un an, sans préjudice des peines portées par le code pénal pour résistance, désobéissance et autres manquements envers l'autorité publique.

ART. 11. — Quiconque se présente dans une réunion avec des armes apparentes ou cachées est puni d'un emprisonnement de un mois à un an et d'une amende de 300 fr. à 10,000 fr.

ART. 12. — L'art. 463 du code pénal est applicable aux délits et aux contraventions prévus par la présente loi.

Art. 13. — Le préfet de police à Paris, les préfets dans les départements, peuvent ajourner toute réunion qui leur paraît de nature à troubler l'ordre ou à compromettre la sécurité publique.

L'interdiction de la réunion ne peut être prononcée que par décision du ministre de l'intérieur.

ART. 14. — Sont abrogés les lois et décrets antérieurs, en ce qu'ils ont de contraire à la présente loi.

3. — Si l'on compare la loi de 1868 à la législation antérieure, il est certain qu'elle constituait déjà un progrès. En effet, la loi de 1868 substituait la déclaration préalable faite par sept personnes domiciliées dans la commune à l'autorisation administrative, pour les réunions où ne devaient être traité aucun sujet politique ou religieux, et pour les réunions électorales politiques ; — elle maintenait l'autorisation pour les réunions politiques et religieuses qui n'avaient point un caractère électoral ; — elle rendait responsables les déclarants, le propriétaire du local, les organisateurs et les membres du bureau, chacun en ce qui le concernait ; — elle obligeait de tenir la réunion dans un local clos et couvert et de ne pas la prolonger au-delà de l'heure fixée par l'autorité pour la clôture des établissements publics ; — elle laissait au gouvernement la facilité de désigner un fonctionnaire de l'ordre administratif ou judiciaire pour assister à la séance, avec ses insignes, et dissoudre la réunion s'il jugeait qu'elle devenait illégale ; — enfin elle donnait au gouvernement le droit d'ajournement et d'interdiction.

3. — La commission chargée d'examiner les propositions de loi de MM. Legrand, A. Naquet et Louis Blanc, a adopté tout d'abord un projet qui supprimait l'autorisation préalable pour toutes les réunions publiques, quelles que soient les matières que l'on dût y discuter ; — elle obligeait seulement les organisateurs de la réunion, à faire précéder celle-ci, à vingt-quatre heures d'intervalle, d'une déclaration portant la signature d'un seul citoyen, sans condition de domicile, remise au maire de la commune ou à la personne qui en tient lieu et dont le magistrat qui la reçoit est tenu de donner immédiatement récépissé. La Commission laissait en outre aux déclarants la faculté, au cas où le magistrat municipal refuserait de délivrer le récépissé, de remplacer celui-ci par une attestation signée de quatre témoins et constatant l'empêchement ou le refus ; d'adresser la déclaration au maire par le télégraphe, dont le récépissé ferait foi; — elle réduisait l'intervalle entre la déclaration et la réunion à deux heures, et supprimait la déclaration dans les communes de moins de trois mille habitants, pour les réunions électorales, et pour les réunions tenues par les députés, les sénateurs, les conseillers généraux et les conseillers d'arrondissement, mais en dehors de la période électorale, pourvu que ce soit dans les limites des circonscriptions qui les ont élus ; — elle accordait aux organisateurs d'une réunion la faculté de lui donner la forme d'une conférence faite par un ou plusieurs orateurs, ou d'en restreindre la publicité à une catégorie déterminée d'assistants, sans que leur responsabilité puisse cependant être engagée si la réunion changeait de nature ; — elle supprimait la disposition de la loi de 1868 qui exigeait que les réunions eussent lieu, dans un local clos et couvert, se bornant à interdire les réunions sur la voie publique, sauf autorisation de l'autorité municipale ; — elle obligeait toute réunion d'avoir un président désigné par le signataire de la déclaration, ou, si ce dernier le préfère, élu par l'assemblée ; — elle accordait à l'autorité le droit de déléguer à la réunion un fonctionnaire de l'ordre administratif ou judiciaire, autorisé à prononcer la dissolution si la réunion n'avait pas de président, si devenant tumultueuse elle refusait de se dissoudre, quoique le président ait levé la séance, si elle avait lieu sur la voie publique sans autorisation ; — enfin la commission indiquait une sanction pénale pour toutes les infractions à la loi, avec admission de pénalités spéciales contre les fonctionnaires qui refuseraient le récepissé d'une déclaration de réunion publique ou qui dissoudraient illégalement une réunion.

4. — Le projet primitif de la commission différait, on le voit, de la loi de 1868, en ce qu'il n'obligeait pas les organisateurs de la réunion à en préciser l'objet dans leur déclaration, ne donnait pas au délégué le droit de dissoudre l'assemblée dès que le bureau laissait mettre en discussion les questions étrangères à l'objet indiqué, et refusait au gouvernement la faculté d'ajourner les réunions ou de les interdire.

5. — En présence du projet de la commission, le gouvernement en présenta un autre qui admettait bien la suppression, dans tous les cas, de l'autorisation préalable, et faisait disparaître également l'obligation imposée par la loi de 1868 aux réunions d'être tenues dans un local clos et couvert, mais il en différait sur plusieurs points. Ainsi il exigeait : que le délai à courir entre la déclaration et la réunion fût, en temps ordinaire, de quarante-huit heures au lieu de vingt-quatre ; — que ce délai ne fût réduit qu'à vingt-quatre heures, et non à deux heures, pour les réunions électorales et celles qui y seraient assimilées ; — que dans aucun cas, la déclaration ne fût supprimée ; — que la déclaration portât la signature de deux personnes, dont une au moins domiciliée dans la commune, et que les réunions électorales ne puissent jamais avoir lieu le jour même du vote. Le gouvernement voulait

en outre que la déclaration ne fût remise au maire
que dans les simples communes et les chefs-lieux de
canton, et que dans les chefs-lieux d'arrondissement,
elle continuât à être remise aux sous-préfets, dans
les chefs-lieux de département, aux préfets, et à Paris
au préfet de police. Il reproduisait la disposition de la
loi de 1868 qui obligeait les organisateurs d'une réunion à en préciser l'objet dans leur déclaration ou leurs
annonces et qui conférait à l'agent de l'autorité le
droit de dissoudre l'assemblée si elle s'écartait de
l'ordre du jour indiqué. Il rendait le bureau et les
déclarants responsables des infractions à la loi qui
pourraient être commises. Il reproduisait également
la disposition de la loi de 1868 qui exclut des réunions
électorales quiconque n'est pas électeur ou candidat ;
supprimait les pénalités contre les fonctionnaires qui,
recevant une déclaration de réunion publique, refuseraient d'en donner récépissé ; et refusait en même
temps le droit de faire constater ce refus par témoin
et de passer outre. Il imposait à la réunion non point
un simple président, mais un bureau composé d'au
moins trois membres ; enfin, en cas de trouble im-
minent il donnait le droit au préfet de police, préfets, sous-préfets et maires d'ajourner les réunions
publiques.

5. — Après avoir examiné le projet du gouvernement, la commission repoussa un grand nombre de ses
dispositions importantes. Elle accepta : que la déclaration fût remise au préfet de police, préfets ou sous-
préfets, ainsi que le gouvernement le désirait à Paris,
dans les chefs-lieux de département, et dans les chefs-
lieux d'arrondissement ; — que cette déclaration ne fût
valable que si elle portait la signature de deux citoyens,
dont un au moins domicilié dans la commune où la réunion devait avoir lieu. Mais la commission maintint la

faculté, pour les déclarants qui n'auraient pu recevoir
de récépissé, de passer outre moyennant une attestation
signée de deux témoins domiciliés dans le département
ou après avoir fait constater le refus de délivrance du
récépissé par acte extra-judiciaire. Elle accepta le
délai de quarante-huit heures réclamé par le gouvernement entre la déclaration et l'ouverture de la réunion
en temps normal ; elle admit qu'en aucun cas, et quel
que soit le nombre des habitants d'une commune, la
déclaration ne pourrait être supprimée ; mais elle
maintint la réduction du délai à deux heures pour
les réunions électorales ou assimilées à ces réunions.
Elle consentit à ce qu'on ne pût pas tenir de réunions
électorales le jour même du vote, mais elle établit une
exception en faveur des élections qui comportent plusieurs tours de scrutin dans la même journée. Elle re-
fusa d'imposer aux organisateurs d'une réunion l'obligation d'en préciser l'ojet, et de considérer les modifications qui peuvent se produire dans l'ordre du
jour comme un délit entraînant des peines contre
le bureau ou les autres délinquants, et permettant
au délégué de l'autorité de dissoudre l'assemblée.
Elle admit que les réunions électorales ne seraient ac-
cessibles qu'aux électeurs de la circonscription et aux
candidats, mais elle introduisit une dérogation à la
rigueur de ce principe en faveur des membres des
deux Chambres et du mandataire de chacun des
candidats, si ceux-ci n'assistaient pas en personne
à la réunion. Elle ne repoussa pas l'article du projet du gouvernement qui interdit d'une manière
absolue les réunions sur la voie publique. Le gouvernement proposait d'interdire les réunions périodiques ;
la commission admit cette disposition de loi, mais elle
voulut, pour que l'interdiction ne fût applicable, que
dans le cas où, au caractère de périodicité, la réunion
joindrait celui d'affecter des formes délibérantes et

qu'une série de conférences faites par un ou plusieurs orateurs déterminés à jours fixés, ne puissent pas être interdites. La commission admit que le bureau dût être composé de trois membres au moins et qu'il fût responsable des infractions à la loi qu'il aurait laissé commettre, mais seulement à partir du moment où il aurait été averti par le fonctionnaire assistant à la réunion. Quant aux organisateurs de la réunion, une fois le bureau constitué, et à moins qu'ils n'en fassent partie, auquel cas ils participent à sa responsabilité, ils n'ont plus aucune autorité, et ne peuvent avoir, dès lors, aucune responsabilité. N'admettant pas que l'on doive préciser dans la déclaration l'objet d'une réunion publique ; reconnaissant à celle-ci le droit de modifier sans cesse son ordre du jour, la commission n'accordait pas au fonctionnaire de l'autorité le droit de la dissoudre si l'on y discute des matières étrangères au sujet indiqué ; elle ne reconnaissait au délégué ce droit de dissolution, que si la réunion méconnaissait l'autorité du président ou si elle devenait tumultueuse. Enfin, la commission maintenait les pénalités contre les fonctionnaires qui refusaient le récépissé, et repoussait le droit, que le projet du gouvernement voulait conférer aux préfets de police, préfets et sous-préfets, d'ajourner les réunions publiques.

6. — Le gouvernement s'est alors rallié au nouveau projet de la commission, et les dissentiments n'existèrent plus que sur quatre points. Le gouvernement persistait à vouloir : que la réunion ne pût modifier son ordre du jour ; — que les fonctionnaires qui auraient refusé le récépissé ne fussent passible d'aucune peine ; — qu'en cas de refus de récépissé un acte extra-judiciaire pût seul en tenir lieu ; — qu'enfin l'ajournement d'une réunion pût avoir lieu par l'intermédiaire des préfets de police, préfets et sous-préfets, sauf à ceux-ci à en référer de suite au ministre de l'intérieur.

7. — C'est dans ces conditions que le projet de loi sur la liberté de réunion se présenta devant la Chambre des députés les 24, 26, 27 et 29 janvier 1880 ; une seconde délibération eut lieu les 11, 13 et 15 mai suivants, et le projet adopté à cette dernière date était ainsi conçu :

Projet de loi du 15 mai 1880.

ARTICLE PREMIER. — Les réunions publiques peuvent avoir lieu sans autorisation préalable, sous les conditions prescrites par les articles suivants.

ART. 2. — Toute réunion publique sera précédée d'une déclaration indiquant le lieu, le jour, l'heure de la réunion. Cette déclaration sera signée par deux personnes au moins, dont l'une domiciliée dans la commune où la réunion doit avoir lieu.

Les déclarants devront jouir de leurs droits civils et politiques, et la déclaration indiquera leurs noms, qualités et domiciles.

Les déclarations sont faites : à Paris, au préfet de police ; dans les chefs-lieux de département, au préfet ; dans les chefs-lieux d'arrondissement, au sous-préfet, et dans les autres communes au maire.

Il sera donné immédiatement récépissé de la déclaration.

Dans le cas où le déclarant n'aurait pu obtenir de récépissé, il suffira qu'il fasse constater l'empêchement ou le refus par notification extra-judiciaire ou par une attestation signée de deux citoyens domiciliés dans la commune et témoins du fait ; cette notification ou cette attestation tiendra lieu de récépissé. Dans tous les cas, cette notifition contiendra la mention de l'heure à laquelle elle aura été signifiée.

La réunion ne peut avoir lieu que quarante-huit heures

au moins après la délivrance du récépissé ou de la pièce qui en tient lieu.

ART. 3. — Le délai pour la déclaration sera réduit à deux heures avant la réunion.

1° Lorsqu'elle aura pour but le choix ou l'audition de candidats à des fonctions électives, et si elle est tenue dans la période comprise entre le décret ou l'arrêté portant convocation du collège électoral et le jour de l'élection exclusivement.

Toutefois, des réunions pourront avoir lieu le jour même du vote s'il s'agit d'élections comportant plusieurs tours de scrutin dans la même journée.

2° Si elle est organisée par un sénateur, un député, un conseiller général ou un conseiller d'arrondissement, dans les limites de la circonscription qui l'a élu.

ART. 4. — Les organisateurs d'une réunion publique doivent, dans leur déclaration, indiquer s'il s'agit d'une conférence faite par un ou plusieurs orateurs déterminés, d'une réunion ordinaire de discussion, d'une réunion électorale ou d'une réunion dont l'entrée est subordonnée à des conditions déterminées.

ART. 5. — Lorsque la réunion aura pour but le choix ou l'audition de candidats à des fonctions publiques électives, ne pourront y assister que les électeurs de la circonscription, les candidats, les membres des deux Chambres et le mandataire de chacun des candidats.

ART. 6. — Les réunions ne peuvent être tenues sur la voie publique ; elles pourront se prolonger jusqu'à onze heures du soir, et, dans les localités où la fermeture des établissements publics a lieu plus tard, elles pourront se prolonger jusqu'à l'heure fixée pour la fermeture de ces établissements.

ART. 7. — Les clubs demeurent interdits.

ART. 8. — Chaque réunion doit avoir un bureau composé de trois personnes au moins. Le bureau est chargé de maintenir l'ordre, d'empêcher toute infraction aux lois, de maintenir à la réunion le caractère qui lui a été donné par la déclaration, conformément à l'article 4 ci-dessus ; d'interdire tout discours contraire à l'ordre public et aux bonnes mœurs ou tendant à provoquer un acte déclaré crime ou délit par la loi.

Les signataires de la déclaration désigneront, soit parmi eux, soit parmi les assistants, les membres du bureau, à moins qu'ils ne préfèrent que le bureau soit élu par l'assemblée.

Dans tous les cas, les membres du bureau et, jusqu'à la formation du bureau, les signataires de la déclaration seront toujours responsables des infractions aux prescriptions des articles 6, 7 et 8 de la présente loi. Toutefois, la responsabilité du bureau ne commencera qu'après les avertissements du fonctionnaire assistant à la réunion, aux termes de l'article suivant.

ART. 9. — Un fonctionnaire de l'ordre administratif ou judiciaire pourra être délégué pour assister à la réunion, à Paris, par le Préfet de police, et, dans les départements, par le Préfet ou le Maire, suivant les cas prévus à l'article 2.

Il choisira sa place et devra être revêtu de ses insignes.

Après trois avertissements donnés par ce fonctionnaire, si le bureau maintient la parole à qui commettrait un délit prévu par les lois, il encourra la responsabilité mentionnée en l'article précédent.

Il n'est rien innové aux dispositions de l'article 3 de la loi des 16-24 août 1790, des articles 8 et 9 de la loi des 19-22 juillet 1791 et des articles 9 et 15 de la loi du 18 juillet 1837.

Sont exemptées de l'obligation portée au paragraphe 1er les réunions comprises à l'article 3 de la présente loi.

ART. 10. — Toute infraction aux dispositions de la présente loi sera punie des peines de simple police, sans préjudice des poursuites pour crimes et délits qui pourraient être commis dans les réunions.

ART. 11. — L'article 463 du code pénal est applicable aux délits et contraventions prévus par la présente loi. L'action publique et l'action privée se prescrivent par six mois.

ART. 12. — Le décret du 28 juillet 1848, le décret du 25 mars 1852, la loi des 6-10 juin 1868 sont abrogés dans leurs dispositions qui concernent le droit de réunion, notamment dans le parapraphe 2 de l'article premier de la loi des 6-10 juin 1868 et dans le paragraphe 1er de l'article 3 de la même loi.

8. — Comme on vient de le voir la Chambre des députés adoptait, à la date du 15 mai 1880, un projet de loi qui proclamait pour toutes les réunions sans exception, la suppression de l'autorisation préalable ; — il ne demandait qu'une simple déclaration dont les délais étaient de beaucoup réduits pour certaines réunions, notamment pour celles qui se tiennent pendant la période électorale ; — il ne prescrivait pas d'énoncer dans la déclaration l'objet de la réunion ; — il n'autorisait aucun ajournement, aucune interdiction des réunions, sous prétexte de nécessités d'ordre public, dont l'appréciation serait laissée à l'arbitraire de l'administration ; — il réduisait enfin à des peines de simple police, pouvant encore être atténuées par l'application de l'article 463 du code pénal, les pénalités encourues pour infraction à la réglementation des réunions publiques.

8. — Le Sénat voulut se montrer plus libéral encore que la Chambre des députés, et le 16 février 1881, il adoptait un projet avec les trois importantes modifications suivantes : 1° La réunion pouvait avoir lieu vingt-quatre heures après la déclaration, tandis que le projet voté par la Chambre exigeait entre la déclaration et la réunion un délai de quarante-huit heures ; — 2° La Chambre avait admis qu'un délai de deux heures suffisait pour les réunions électorales et pour les réunions ordinaires organisées par un sénateur, un député, un conseiller général ou d'arrondissement, dans les limites de la circonscription qui l'a élu, le Sénat n'admettait le délai de deux heures, que pour les réunions électorales, et rejetait l'exception en faveur des mandataires du pays ; — 3° enfin le Sénat permettait à l'administration de déléguer un fonctionnaire de l'ordre administratif ou judiciaire aux réunions électorales comme aux autres, mais n'accordait le droit de dissolution à ce fonctionnaire que s'il en était requis par le bureau ou s'il se produisait des collisions ou des voies de fait.

9. — Enfin après une discussion à la Chambre des députés, puis au Sénat, les deux Chambres se sont mises d'accord pour rejeter un amendement de M. Maigne, député, tendant à supprimer dans les réunions électorales, tout en la maintenant dans les réunions publiques ordinaires, la présence du commissaire de police ou de tout autre fonctionnaire de l'ordre administratif ou judiciaire.

10. — Voici maintenant la nomenclature des divers rapports et discussions auxquels la loi du 30 juin 1881 a donné lieu :

9 juillet 1876. — Proposition de M. Louis Legrand, député, et plusieurs de ses collègues. (*J. officiel* du 31 juillet 1876, p. 5742).

31 mai 1878. — Proposition de M. Alfred Naquet, député, (*J. officiel* du 11 juin 1878, p. 6543).

1er juin 1878. — Proposition de M. Louis Blanc, député, et plusieurs de ses collègues. (*J. officiel* du 25 juin 1878, p. 7036).

14 février 1879. — Rapport sommaire présenté par M. Gatineau, député, au nom de la 6e commission d'initiative parlementaire sur la proposition de M. Naquet.

1879. — Rapport sommaire présenté par M. Amat, député, sur la proposition de M. Legrand.

22 février 1879. — Rapport sommaire présenté par

M. Margue, député, sur la proposition de M. Louis Blanc.

15 juillet 1879. — Rapport de M. Alfred Naquet, député, au nom de la commission. (*J. officiel* des 18 et 19 août 1879, p. 8566 et 8590).

24, 26, 27 et 29 janvier 1880. — 1º Délibération à la chambre des députés (*J. officiel* des 25, 27, 28 et 30 janvier 1880, p. 751, 867, 926 et 1015).

11, 13 et 15 mai 1880. — 2º Délibération à la chambre des députés (*J. officiel* des 12, 14 et 16 mai 1880 p. 5117, 5219 et 5307).

15 mai 1880. — Adoption du projet de loi par la chambre des députés, pour être soumis à l'approbation du sénat.

3 février 1881. — Rapport de M. Emile Labiche, sénateur, au nom de la commission nommée par le sénat. (*J. officiel* du 5 février 1881).

8 février 1881.— 1º Délibération au sénat (*J. officiel* du 9 février 1881, p. 56).

14 février 1881. — 2º Délibération au sénat (*J. officiel* du 15 février 1881, p. 70).

16 février 1881. — Adoption du projet de loi avec modifications et renvoi à la chambre des députés. (*J. officiel* du 17 février 1881, p. 101).

10 mars 1881. — Rapport de M. Alfred Naquet, sur le projet de loi modifié par le sénat (*J. officiel* du 24 mars 1881).

31 mars 1881. — Discussion à la chambre des députés du projet de loi modifié par le sénat (*J. officiel* du 1er avril 1881, p. 709).

2 avril 1881.—Adoption par la chambre des député, du projet de loi modifié par le sénat, sauf l'article 9 renvoyé au sénat (*J. officiel* du 3 avril 1881, p. 725).

16 juin 1881.— Discussion au sénat sur l'art. 9 qui lui avait été renvoyé (*J. officiel*. du 17 juin 1881, p. 880).

25 juin 1881. — Adoption de la loi par la **chambre**

des députés, avec les modifications consenties par le sénat (*J. officiel* du 26 juin 1881, p. 1870).

11. — La loi du 30 juin 1881 a été promulguée au *Journal officiel* du 1er juillet suivant ; en voici le texte.

LOI DU 30 JUIN 1881

SUR LA LIBERTÉ DE RÉUNION.

ARTICLE PREMIER.

Les réunions publiques sont libres.

Elles peuvent avoir lieu sans autorisation préalable, sous les conditions prescrites par les articles suivants.

ART. 2.

Toute réunion publique sera précédée d'une déclaration indiquant le lieu, le jour, l'heure de la réunion. Cette déclaration sera signée par deux personnes au moins, dont l'une domiciliée dans la commune où la réunion doit avoir lieu.

Les déclarants devront jouir de leurs droits civils et politiques, et la déclaration indiquera leurs noms, qualités et domiciles.

Les déclarations sont faites : à Paris, au préfet de police ; dans les chefs-lieux de département, au préfet ; dans les chefs-lieux d'arrondissement, au sous-préfet, et dans les autres communes au maire.

Il sera donné immédiatement récépissé de la déclaration.

Dans le cas ou le déclarant n'aurait pu obtenir de récépissé, l'empêchement ou le refus pourra être constaté par acte extra-judiciaire ou par attestation signée de deux citoyens domiciliés dans la commune.

Le récépissé, ou l'acte qui en tiendra lieu, constatera l'heure de la déclaration.

La réunion ne peut avoir lieu qu'après un délai d'au moins vingt-quatre heures.

ART. 3

Ce délai sera réduit à deux heures pour les réunions publiques électorales prévues à l'art. 5, lorsqu'elles seront tenues dans la période comprise entre le décret ou l'arrêté portant convocation du collège électoral et le jour de l'élection exclusivement.

La réunion pourra avoir lieu le jour même du vote s'il s'agit d'élections comportant plusieurs tours de scrutin dans la même journée.

La réunion pourra alors suivre immédiatement la déclaration.

ART. 4.

La déclaration fera connaître si la réunion a pour but une conférence, une discussion publique ou si elle doit constituer une réunion électorale prévue par l'article suivant.

ART. 5.

La réunion électorale est celle qui a pour but le choix ou l'audition de candidats à des fonctions

1··

publiques électives, et à laquelle ne peuvent assister que les électeurs de la circonscription, les
candidats, les membres des deux Chambres et le
mandataire de chacun des candidats.

ART. 6.

Les réunions ne peuvent être tenues sur la
voie publique ; elle ne peuvent se prolonger au-
delà de onze heures du soir ; cependant, dans les
localités où la fermeture des établissements publics a lieu plus tard, elles pourront se prolonger
jusqu'à l'heure fixée pour la fermeture de ces
établissements.

ART. 7.

Les clubs demeurent interdits.

ART. 8.

Chaque réunion doit avoir un bureau composé
de trois personnes au moins. Le bureau est chargé de maintenir l'ordre, d'empêcher toute infraction aux lois, de conserver à la réunion le caractère qui lui a été donné par la déclaration ; d'interdire tout discours contraire à l'ordre public et
aux bonnes mœurs, ou contenant provocation à
un acte qualifié crime ou délit.

A défaut de désignation par les signataires de
la déclaration, les membres du bureau seront élus
par l'assemblée.

Les membres du bureau et, jusqu'à la formation du bureau, les signataires de la déclaration

sont responsables des infractions aux prescriptions des art. 6, 7 et 8 de la présente loi.

ART. 9.

Un fonctionnaire de l'ordre administratif ou judiciaire peut être délégué, à Paris, par le préfet de police, et dans les départements, par le préfet, le sous-préfet ou le maire pour assister à la réunion.

Il choisit sa place.

Il n'est rien innové aux dispositions de l'art. 3 de la loi des 16-24 août 1790, de l'art. 9 de la loi des 19-22 juillet 1791 et des art. 9 et 15 de la loi du 18 juillet 1837.

Toutefois, le droit de dissolution ne devra être exercé par le représentant de l'autorité que s'il en est requis par le bureau, ou s'il se produit des collisions et voies de fait.

ART. 10.

Toute infraction aux dispositions de la présente loi sera punie des peines de simple police, sans préjudice des poursuites pour crimes et délits qui pourraient être commis dans les réunions.

ART. 11.

L'article 463 du code pénal est applicable aux contraventions prévues par la présente loi. L'action publique et l'action privée se prescrivent par six mois.

ART. 12.

Le décret du 28 juillet 1848 demeure abrogé, sauf l'article 13 qui interdit les sociétés secrètes ; sont également abrogés : le décret du 25 mars 1852, la loi des 6-10 juin 1868 et toutes dispositions contraires à la présente loi.

ART. 13.

La présente loi est applicable aux colonies représentées au Parlement.

COMMENTAIRE PRATIQUE

DE LA

LOI DU 30 JUIN 1881

CHAPITRE PREMIER

DES RÉUNIONS PRIVÉES

12. — Il importe tout d'abord de remarquer que la loi du 30 juin 1881 ne réglemente que les *réunions publiques* ; c'est dire que les *réunions privées* demeurent entièrement libres, comme sous l'empire de la législation antérieure, quel que soit le nombre des invités. La législation nouvelle du droit de réunion peut se résumer ainsi : les réunions privées de toute nature jouissent d'une liberté absolue. Les réunions publiques de toute nature sont seules soumises à la formalité de la déclaration préalable.

13. — Le législateur n'a pas toutefois défini ce qu'il faut entendre par réunions publiques et réunions privées, et nous devons essayer, tout d'abord, de suppléer à l'absence de définition législative par quelques citations empruntées à la jurisprudence.

14. — Il est certain que pour distinguer une réunion privée d'une réunion publique, il ne suffit point de s'attacher à la nature et à la destination habituelle du lieu où elle se tient, car une réunion publique peut avoir lieu dans un domicile privé, de même qu'une réunion tenue dans un local ordinairement public peut, suivant les circonstances, conserver un caractère privé.

15. — Ce sont les tribunaux qui ont la mission souvent délicate, de distinguer une réunion privée d'une réunion publique, en examinant, dans chaque affaire, les circonstances de fait : ce sont eux qui devront encore découvrir, le cas échéant, les réunions publiques qui essaieraient de se déguiser sous l'apparence de réunions privées et de se soustraire ainsi à l'accomplissement de la formalité de la déclaration préalable.

16. — C'est avant tout l'invitation personnelle qui est le caractère propre des réunions privées : « Qu'est-ce qu'une réunion publique ? » disait en 1868 M. Pelletan, « c'est une réunion tenue dans un lieu public, quel que soit le nombre des assistants. Est encore réunion publique toute réunion tenue dans un endroit privé quand on laisse la porte ouverte, et quand le premier venu peut entrer dans l'enceinte. — Quant à la réunion privée, elle est également permise, légalement inviolable, quand elle a lieu, dans un local privé, *sur convocation personnelle* ; quel que soit le nombre des assistants, qu'il soit de 21, de 100, de 1,000, de 10,000 même, s'il y avait un local assez considérable pour les contenir, cette réunion serait irréprochable (1). »

17. — Les documents fournis par la jurisprudence éclairent mieux la question. C'est principalement en matière de réunion électorale qu'elle s'est trouvée soumise à la cour de cassation. Un arrêt rendu sous le régime du décret de 1852, a considéré comme réunion publique une réunion électorale pour laquelle un appel avait été adressé au dehors, et dont l'accès avait été permis à tous, notamment aux agents de l'autorité qui avaient pu y pénétrer sans obstacle (2) :

« Attendu, » a dit la Cour de cassation « que du jugement rendu le 22 avril 1864 il résulte que cette réunion, par

---

(1) *Moniteur* du 15 mars 1868.

(2) Il s'agissait d'une réunion de 300 à 400 personnes, tenue le 7 mars 1864 dans un atelier de Paris, et organisée par les sieurs Barthélemy et autres, pour préparer l'élection d'un député au Corps législatif.

sa nature, par son objet, et par le nombre des personnes qui la composaient, avait essentiellement le caractère d'une réunion publique, et qu'en réalité elle était publique, *puisque le commissaire de police et l'officier de paix qui l'accompagnait avaient pu y pénétrer librement et sans rencontrer d'obstacle*, et sans qu'il leur fût fait la moindre question ou observation ; attendu qu'en adoptant les motifs des premiers juges, la Cour impériale a ajouté qu'un appel avait été adressé au dehors ; que *l'accès de l'atelier* où se tenait la réunion *avait été permis à tous pendant sa durée*, et que, pour ce qui concerne spécialement le demandeur, il savait que la réunion serait publique, qu'il avait assisté à son commencement et pu s'assurer par lui-même qu'il était libre à tout individu de s'y introduire ; attendu que, de l'ensemble de ces faits et circonstances, l'arrêt attaqué a dû tirer la conséquence que la réunion dont il s'agit était publique, et que sa déclaration se fonde tant sur une constatation souveraine que sur la juste appréciation des conditions constitutives de la publicité.

18. — Sous l'empire de la loi de 1868, la Cour de cassation a été également appelée à démasquer des réunions publiques qui avaient emprunté le titre de réunions privées. Le 29 juillet 1868, moins de cinq jours avant l'ouverture du scrutin pour l'élection d'un député, MM. Lacy-Guillon et Rabot avaient tenu à Nîmes une réunion publique qui avait du être dissoute par la force ; condamnés à l'amende par la Cour impériale, ils virent leur pourvoi rejeté par la Cour suprême, qui statua le 7 janvier 1869 en ces termes :

Attendu que les réunions électorales publiques ne peuvent avoir lieu que sous les conditions et dans les délais déterminés par la loi sus-visée ; attendu qu'il est constant que la réunion électorale dont Lacy-Guillon et Ribot ont été les organisateurs s'est produite en dehors des délais légaux, et même sans que les formalités prescrites par l'article 8 de la loi de 1868 aient été accomplies ; que, dès lors, la seule question à examiner par la Cour impériale de Nîmes était celle de savoir si la réunion incriminée avait un caractère public ou un caractère privé ; attendu que l'arrêt attaqué constate en fait que, pour servir de lieu de réunion, Lacy-Guillon et Rabot avaient loué un vaste entrepôt ou magasin, ouvrant sur la voie publique par une large porte, dont l'un des battants est resté constamment ouvert ; que 500 ou 600 cartes d'invitation avaient été distribuées par les soins des demandeurs en cassation ; que *le nombre des personnes admises dépassait notablement le chiffre des cartes distribuées,* et qu'enfin, parmi les membres de la réunion, *une partie a pu librement y pénétrer sans invitation verbale ou écrite* émanée des prévenus ; attendu que c'est à bon droit que des faits ainsi constatés l'arrêt attaqué a tiré la conséquence que la réunion électorale organisée par Lacy-Guillon et Ribot était une réunion publique et non une réunion privée.

19. — Deux jours après avoir rendu cet arrêt, le 9 janvier 1869, la cour de cassation rejetait également le pourvoi de M. de Larcy, candidat au Corps législatif dans la même circonscription, condamné à l'amende par la cour de Nîmes pour avoir tenu deux réunions publiques électorales sans déclaration préalable et moins de cinq jours avant celui fixé pour l'élection, savoir, la première à Saint-Ambroix, le 26 juillet 1868, et la seconde à Alais, le 30 juillet suivant. On invoquait à l'appui du pourvoi l'inviolabilité du domicile, et l'on en déduisait cette conséquence que toute réunion tenue dans une demeure particulière restait par là même une réunion privée. L'arrêt répondit dans ces termes au moyen invoqué :

Attendu que, si les réunions tenues en la demeure des citoyens sont des réunions privées et participent de l'inviolabilité du domicile, ce n'est qu'autant que l'accès en est sérieusement interdit au public ; que le domicile perd

son caractère privé, ainsi que les réunions qui s'y tiennent, dès qu'il est ouvert au public ; que la question est
donc de savoir, en ce qui concerne la réunion électorale
organisée et tenue par le baron de Saubert-Larcy dans
son domicile à Alais, si le public s'y est introduit ou a pu
s'y introduire ; — attendu, en fait, en ce qui concerne
cette réunion, que le jugement dont l'arrêt attaqué a
adopté les motifs, constate « que *les cartes* imprimées
préparées pour convier à la réunion du 30 juillet *ont éte
distribués* non-seulement à domicile, celles-ci presque
toutes *sans adresse*, mais encore *sur la voie publique ;*
qu'il en a été délivré *plusieurs à la fois à des personnes
seules*, qui les ont ensuite elles-mêmes remises à qui bon
leur a semblé ; *qu'il en a encore été distribué à la porte
de l'habitation du prévenu à quiconque s'est présenté pour
en demander ;* que *plusieurs personnes ont été admises à
la réunion avec une carte unique ;* et qu'enfin un assez
grand nombre *d'autres personnes qui n'en étaient pas mu-
nies se sont librement introduites dans ladite habitation*
et ont assisté à cette même réunion ; — Attendu qu'il
résulte de ces constatations souveraines de fait qu'il ne
s'agissait pas d'une réunion privée, mais d'une réunion
publique, puisque le public a pu s'y introduire et s'y est
introduit ; — Attendu, en ce qui concerne la réunion tenue à Saint-Ambroix, dans le local prêté ou loué à de
Saubert-Larcy, que le même jugement constate qu'aucune
invitation écrite à la main ou imprimée n'avait même été
adressée aux 200 ou 250 personnes environ qui y ont pris
part ; qu'aucun contrôle n'a été exercé à l'entrée dudit
local, et que le public y a pu accéder librement ; — Attendu qu'il résulte de cette liberté d'accès et du défaut de
contrôle que la réunion était, comme celle d'Alais, une
réunion publique électorale ; que c'est vainement que le
prévenu, qui, en qualité d'organisateur, devait prendre
toutes les mesures pour ne pas contrevenir à la loi, a déclaré, lorsque la réunion était déjà formée et que le public s'y était librement introduit, « que les personnes pré-
sentes pouvaient se considérer comme invitées » ; qu'une
telle déclaration ne saurait couvrir la contravention à la
loi qui était commise ; qu'elle ne peut être, de même que

les invitations distribuées à Alais, qu'un moyen imaginé pour éluder la loi sur les réunions publiques.

20. — La jurisprudence de la cour de cassation est donc très-précise, et trace une ligne de conduite parfaitement nette à quiconque voudra respecter la loi (1). Une réunion privée est une réunion où l'on n'est admis que sur convocation *personnelle* et *individuelle ;* du moment où l'accès de la réunion est permis, en fait, à des personnes qui n'avaient point été *nominativement et expressément invitées à l'avance*, la réunion perd son caractère privé et devient une réunion publique, soumise aux conditions réglées par la nouvelle loi.

«Ainsi, dit M. E. Dubois (2), lorsqu'une réunion *soi-disant privée* se tient ailleurs que dans la demeure proprement dite, par exemple dans un magasin, dans un chai, dans une écurie; à plus forte raison, lorsqu'elle se tient dans un lieu public, tel qu'un café ou un théâtre ; lorsqu'elle comprend un nombre très-considérable d'assistants, 800, 1,500, 2,000 personnes ; lorsqu'elle a été annoncée à l'avance dans les journaux, ou qu'elle a reçu, par toute autre voie, une publicité préalable, il y a là autant de *présomptions graves* que la réunion est véritablement une réunion publique déguisée, organisée en fraude de la loi. Ces *présomptions* se changeront en une *preuve complète* de la violation de la loi s'il est établi que l'accès de la réunion a été ou-

____

(1) Par un jugement en date du 11 mars 1869, le tribunal correctionnel de Lesparre a reconnu le caractère de réunion publique à une réunion pour laquelle toutes les convocations avaient été faites exclusivement sur une copie des listes électorales, et quelques cartes distribuées en blanc et remises à des personnes non connues de l'organisateur de la réunion *(Le Droit*, numéro du 27 mars).

(2) Commentaires de la loi du 6 juin 1868.

vert à des personnes *qui n'étaient point en relation avec l'organisateur* et *ne se rattachaient à lui par aucun lien sérieux*, et que la distribution de billets d'invitation n'a été qu'une manœuvre destinée à donner le change sur la nature de la réunion ». Il va de soi qu'une réunion perdrait encore son caractère de réunion privée si les conditions de local dans lesquelles elle se tenait étaient telles que les agissements de l'assemblée pussent être perçus du dehors, par exemple si l'on pouvait, étant sur la voie publique, voir ou entendre ce qui se passe à l'intérieur de la maison.

CHAPITRE II

DES ASSOCIATIONS ET DES CLUBS

21. — Il ne faut pas confondre les *réunions publiques ou privées* avec les *associations*, car les lois qui régissent celles-ci n'ont nullement été modifiées par la loi du 30 juin 1881, et les articles 291 à 294 du code pénal, la loi du 10 avril 1834 et l'article 13 du décret du 28 juillet 1848 restent toujours en vigueur. Voici le texte de ces diverses lois :

a. — Articles 291 à 294 du code pénal.

ART. 291. — Nulle association de plus de vingt personnes, dont le but sera de se réunir tous les jours ou à certains jours marqués pour s'occuper d'objets religieux, littéraires, politiques ou autres, ne pourra se former qu'avec l'agrément du gouvernement, et sous les conditions qu'il plaira à l'autorité publique d'imposer à la société. — Dans le nombre de personnes indiqué par le présent article, ne sont pas comprises celles domiciliées dans la maison où l'association se réunit.

ART. 292. — Toute association de la nature ci-dessus exprimée qui se sera formée sans autorisation, ou qui, après l'avoir obtenue, aura enfreint les conditions à elles imposées, sera dissoute. Les chefs, directeurs ou administrateurs de l'association seront en outre punis d'une amende de seize francs à deux cents francs.

ART. 293. — Si, par discours, exhortations, invocations ou prières, en quelque langue que ce soit, ou par lecture, affiches, publications ou distribution d'écrits quelconques, il a été fait dans ces assemblées quelque provocation à des crimes ou à des délits, la peine sera de cent à trois cent francs d'amende, et de trois mois à deux ans d'emprisonnement contre les chefs, directeurs ou administrateurs de ces associations, sans préjudice des peines plus fortes qui seraient portées par la loi contre les individus personnellement coupables de la provocation, lesquels, en aucun cas, ne peuvent être punis d'une peine moindre que celle infligée aux directeurs et administrateurs de l'association.

ART. 294. — Tout individu qui, sans la permission de l'autorité municipale, aura accordé ou consenti l'usage de sa maison ou de son appartement, en tout ou en partie, pour la réunion des membres d'une association même autorisée, ou pour l'exercice d'un culte sera puni d'une amende de 16 francs à 200 francs.

b. — Loi du 10 avril 1834.

ART. 1er. — Les dispositions de l'article 291 du code pénal sont applicables aux associations de plus de vingt personnes, alors même que ces associations seraient partagées en sections d'un nombre moindre, et qu'elles ne se réuniraient pas tous les jours ou à des jours marqués. L'autorisation donnée par le gouvernement est toujours révocable.

ART. 2. — Quiconque fait partie d'une association non autorisée sera puni de deux mois à un an d'emprisonnement et de 50 fr. à 1000 fr, d'amende. — En cas de récidive, les peines pourront être portées au double. — Le condamné pourra, dans ce dernier cas, être placé sous la surveillance de la haute police pendant un temps qui n'excédera pas le double du maximum de la peine. L'art. 463 du code pénal pourra être appliqué dans tous les cas.

ART. 3. — Seront considérés comme complices et punis comme tels, ceux qui auront prêté ou loué sciemment leur maison ou appartement pour une ou plusieurs réunions d'une association non autorisée.

c. — Décret du 28 juillet 1848.

ART. 13. — Les sociétés secrètes sont interdites.

Ceux qui seront convaincus d'avoir fait partie d'une société secrète seront punis d'une amende de 100 à 500 francs, d'un emprisonnement de six mois à deux ans, et de la privation des droits civiques d'un an à cinq ans.

Ces condamnations pourront être portées au double contre les chefs ou fondateurs desdites sociétés.

Ces peines seront prononcées sans préjudice de celles qui pourraient être encourues pour crimes ou délits prévus par les lois.

22. — L'association se distingue de la réunion, en ce qu'elle a une organisation permanente et en ce qu'il existe un lien entre ses membres, ce qui n'a pas lieu dans les réunions ordinaires. Les associations de plus de vingt personnes continuent donc de demeurer soumises à l'autorisation préalable, et les sociétés secrètes restent, bien entendu, interdites.

23. — Les associations auxquelles une autorisation est nécessaire, comprennent les *Comités électoraux*, quand ils ont plus de vingt membres. Les comités, connus sous le nom de comités électoraux, qui se forment en vue d'arrêter et de faire triompher certaines candidatures, constituent tantôt des associations et tantôt de simples réunions, suivant le caractère que présente chaque espèce. Le plus souvent, il s'établit entre les membres un lien permanent, une véritable affiliation qui survivent à la période électorale, pendant laquelle le comité est licite, et alors celui-ci tombe sous l'application des dispositions édictées pour les associations. Mais il peut arriver aussi que de simples réunions aient lieu sous le nom de comités, et dans ce cas, ceux-ci se trouvent soumis aux dispositions qui régissent le droit de réunion.

24. — Ce principe avait été formellement proclamé lors de la discussion de la loi de 1834 (1). Il a été éga-

---

(1) Après avoir réservé la liberté des réunions, M. Martin, du Nord rapporteur de la loi, s'exprimait ainsi : « Il faut aussi reconnaître que si ces réunions s'affiliaient à d'autres réunions du même genre dans d'autres départements, elles dégénéreraient en associations dont l'existence légale serait subordonnée à la condition d'association. » *(Moniteur* du 7 mars 1834).

lement consacré par la jurisprudence, dans une affaire qui a fait trop grand bruit, sous le nom de *Procès des Treize*, pour que nous ne le reproduisions pas ici.

En 1863, il s'était formé à Paris un comité qui s'était donné pour mission « de se mettre en rapport avec tous les comités électoraux de province, de diriger les élections de Paris, et, par ses affiliations, d'étendre son influence et son action sur le pays tout entier. » Le nombre des membres de ce comité et de ses adhérents était de beaucoup supérieur à vingt et, d'autre part, il avait une existence permanente. Les principaux membres furent poursuivis devant le tribunal correctionnel de la Seine, sous l'inculpation d'avoir fait partie d'une association non autorisée, et ils furent condamnés pour ce fait, par jugement du 5 août 1864. Appel fut interjeté devant la cour de Paris, qui par arrêt du 7 décembre, confirma la décision des premiers juges. Cet arrêt ayant été déféré à la cour de cassation, celle-ci rejeta le pourvoi, le 4 février 1865, en se fondant sur les motifs suivants :

« Au fond, sur le moyen pris d'une fausse applicacation et d'une violation des articles 291 et 292 du code pénal, 1, 2 et 3 de la loi du 10 avril 1834, et d'une violation des principes sur lesquels repose le droit constitutionnel français, en ce que l'arrêt, tout en reconnaissant que la prétendue association dont il déclare l'existence était un comité électoral qui ne s'est jamais occupé que d'élections, a néanmoins décidé que les dispositions des lois précitées lui étaient applicables ; attendu que l'article 291 dispose en termes généraux, que nulle association de plus de vingt personnes, dont le but sera de se réunir tous les jours ou à certains jours marqués pour s'occuper d'objets religieux, littéraires ou autres ne pourra se former qu'avec l'agrément du gouvernement ; que l'article 292 punissait d'une amende de 16 à 200 francs les chefs, directeurs et administrateurs de l'association ; que la loi du 10 avril 1834 a eu pour objet d'étendre l'application de ces articles et d'en fortifier la répression ; qu'il ressort de sa discussion que le législateur a voulu comprendre et a réellement compris dans sa prohibition toutes associations quelconques, sans en excepter celles qui seraient formées en matière électorale ; qu'en supposant que le décret du 28 juillet 1848 eût apporté des modifications à cette loi, le décret du 25 mars 1852 qui en a prononcé l'abrogation et n'a maintenu que son article 13, aurait rétabli l'intégrité des articles 291 du code pénal, 1 et 2 de la loi du 10 avril 1834 ; attendu d'ailleurs que le régime du suffrage universel ne porte aucune atteinte au droit et au devoir du législateur de pourvoir, avec la plénitude de son autorité, à la protection de l'ordre et de la paix publique, et de prendre dans ce but, même sur le fonctionnement du suffrage universel, les mesures qu'il juge convenables ; — sur les 2°, 3° et 4° moyens du pourvoi, tirés de la violation des mêmes articles et en outre de l'article 7 de la loi du 28 avril 1810, en ce que la cour impériale a considéré comme associées un grand nombre de personnes vis-à-vis desquelles elle n'a constaté ni permanence dans les actes, ni permanence dans le but ; qu'enfin l'arrêt attaqué n'a pas constaté suffisamment que l'association fût composée de plus de vingt personnes ayant été poursuivies ou ayant figuré à un titre quelconque dans la procédure, ou étant connues nominativement, ou ayant été personnellement désignées ; attendu qu'il est reconnu et déclaré en fait, par l'arrêt dénoncé, que onze des demandeurs, Garnier-Pagès, Carnot, Dréo, Hérold, Hérisson, Clamageran, Floquet, Ferry, Durier, Corbon et Jozon ont formé à Paris une association non autorisée, ayant sa caisse spéciale et son siège connu et publié, dans le but permanent de se rattacher les comités électoraux des départements et d'imprimer au parti démocratique, dans toute la France, le mouvement à l'occasion des élections générales alors prochaines, association qui a également exercé son action avec permanence ; que les deux autres demandeurs, Borg et Melsheim, comme présidents des comités de Marseille et de Schlestadt, ont, au nom de leurs comités respectifs, sollicité ou accepté le concours ou l'appui du comité central de Paris et fait ainsi acte d'adhésion à ce comité ; que l'arrêt déclare, en outre, que l'on doit ajouter à ces treize associés, d'autres membres de l'association non désignés personnellement, mais dont l'existence est affirmée, qui élevaient le nombre des associés à un chiffre bien supérieur à vingt et un ; attendu que si les actes de coopération énoncés dans l'arrêt contre Borg et Melsheim et surtout à l'égard des comités et des autres agents ou adhérents de l'association, pourraient paraître insuffisants pour établir contre eux les caractères de l'affiliation, l'arrêt prend soin de reconnaître qu'on ne peut, en effet, considérer comme étant de droit membres d'une association tous ceux qui en sont les auxiliaires, les correspondants ou qui lui fournissent une cotisation, mais il ajoute immédiatement qu'il doit en être autrement à l'égard de toute personne qui, avec une volonté libre et un concours intelligent, coopère au but et à l'action de ce comité ; attendu que de cette explication et de la combinaison des diverses constatations de l'arrêt, il résulte suffisamment que la cour impériale a reconnu que Borg, Melsheim et les membres complémentaires non dénommés ne sont considérés par elle comme affiliés à l'association que parce qu'ils ont eux-mêmes coopéré à son but et à son action avec une volonté libre et un concours intelligent ; attendu d'autre part, que, quant à la permanence de but et d'action, dès qu'elle avait été régulièrement constatée, dans l'énumération des éléments constitutifs du délit d'association, il n'était pas besoin d'en répéter l'affirmation à l'égard de chaque associé en particulier ; attendu, en ce qui concerne l'absence de désignation nominale des associés complémentaires, qu'aucune disposition de la loi n'exige, dans les cas de ce genre, que l'arrêt indique les noms des associés non condamnés, ni que ceux-ci aient été l'objet d'une poursuite, ni qu'ils soient nominativement connus ou personnellement désignés ; attendu que, dans cet état de faits, l'arrêt n'a point violé l'article 7 de la loi du 20 avril 1810 et n'a fait d'ailleurs qu'une juste application de la loi du 10 avril 1834, en condamnant les demandeurs solidairement chacun à 500 francs d'amende pour délit d'association illicite : attendu, enfin, la régularité de l'arrêt, — Rejette. »

Il ressort, comme on le voit, de cette décision, que des comité électoraux peuvent réunir les caractères d'associations illicites : la permanence et l'affiliation.

26. — *Le droit de se coaliser*, accordé par la loi du 25 mai 1864, emporte le droit de se concerter, non celui de former des associations de plus de vingt personnes dans le but d'organiser et de diriger la coalition. Ces associations sont soumises à l'autorisation du gouvernement (Cass., 23 fév. 1866) ; mais les patrons et les ouvriers pourront discuter leurs intérêts dans des réunions publiques.

27. — Quant aux *Clubs*, tout le monde est d'accord pour reconnaître que la loi du 30 juin 1881 leur est étrangère et qu'ils restent interdits. L'article 7 de cette loi est d'ailleurs ainsi conçu : « les *clubs demeurent interdits*. » C'est qu'en effet le club constitue toujours une association dont le but principal est d'organiser des réunions publiques et de les diriger. La loi du 22 juin 1849, les décrets des 28 juillet 1848 et 25 mars 1852 sont toujours en vigueur.

28. — L'article 7 de la loi du 30 juin 1881, qui a amené, tant au Sénat qu'à la Chambre des députés, des discussions ardentes, ne concerne que d'une façon indirecte la liberté de réunion ; c'est une disposition accessoire que le législateur a cru utile d'introduire dans la loi, mais qui n'aurait peut-être pas dû y figurer. L'article 7 a pour put de rappeler simplement que la nouvelle législation sur la liberté de réunion ne porte aucune atteinte à la situation légale des clubs, et de faire connaître au public que la liberté des réunions n'implique, en aucune façon, le rétablissement de la liberté des clubs. Ainsi demeurent interdites les réunions publiques politiques tenues par des sociétés

non autorisées ; mais demeurent parfaitement légales
les réunions, même publiques et politiques, de moins
de vingt personnes, ou tenues par des associations
spécialement autorisées par le gouvernement. L'article 7 de la loi nouvelle, a dit M. Martin-Feuillée, sous-secrétaire d'État au ministère de l'intérieur, n'a pas
d'autre signification que celle-ci : « Le club, considéré
comme association, reste, jusqu'à nouvel ordre, jusqu'à ce qu'il en ait été décidé autrement par une loi
spéciale, soumis à la législation existante. »

29. — A la Chambre des députés, l'article 7, qui
interdit les clubs, a été surtout dénoncé comme inutile
et même comme dangereux ; inutile, parce que si le club
est considéré comme une manifestation, un acte d'une
association, il tombe sous l'application des art. 291 à
294 du code pénal et de la loi du 10 avril 1834 qui ne
sont pas abrogés ; — dangereux, car le mot *club* qui a,
en général, mauvaise réputation, n'est pas défini dans
la loi du 30 juin 1881, et dès lors il peut y avoir des
procès dans lesquels la question de la définition du
mot *club* sera posée devant les tribunaux.

30. — Au cours de la discussion de l'article 7 de la
loi du 30 juin 1881, devant la Chambre des députés,
(séance du 31 mars), M. Clémenceau a rappelé la définition du mot *club* telle qu'on la rencontre dans la loi
de 1849, la voici : « Seraient considérés comme clubs
toutes réunions publiques qui se tiendraient périodiquement ou à des intervalles irréguliers, pour la discussion des matières politiques. » — M. Naquet, rapporteur de la loi nouvelle, a répondu à M. Clémenceau
que la définition qu'il considérait comme devant prévaloir n'était pas celle de MM. Léon Faucher et de Falloux ; et que selon lui l'on pouvait considérer comme
clubs « des réunions périodiques ayant également

un bureau permanent et étant tenues par des membres
affiliés, dont l'affiliation se traduit par des cotisations
qu'ils paient, soit autrement. « Et plus loin, dans la discussion, M. Naquet a ajouté : « Les *clubs* tels que nous
les comprenons et qu'on les a toujours compris, ne sont
point de simples réunions, mais des *réunions greffées
sur des associations.* » — Enfin le ministre de l'intérieur
est venu déclarer : « Vous n'avez pas voulu autoriser
les clubs, c'est-à-dire des réunions publiques ayant un
caractère manifeste de périodicité, présidées par une
personne désignée à l'avance, tenues sous la direction
d'un bureau préalablement organisé, et désignées sous
un nom le plus souvent emprunté au local où la réunion a lieu. On a prohibé les clubs dans le sens général
que l'on donne à ce mot. » — Il faudra retenir ces
diverses définitions pour l'application de l'article 7 de
la loi du 30 juin 1881.

CHAPITRE III

DES RÉUNIONS PUBLIQUES

31. L'article premier de la loi du 30 juin 1881 n'a pas besoin de commentaire, il ne fait que poser un principe : *la liberté des réunions publiques ;* il apporte ensuite une restriction à l'exercice de cette liberté, afin qu'elle ne dégénère pas en licence : les réunions publiques sont libres *sous les conditions prescrites par les articles suivants.*

32. Les réunions publiques peuvent se tenir sans autorisation : « *elles peuvent avoir lieu sans autorisation préalable.* » La dispense de l'autorisation administrative avait été déjà admise par la loi du 20 juin 1868, mais seulement pour les réunions publiques étrangères aux questions politiques et religieuses. Désormais, plus de distinction entre les réunions publiques politiques ou religieuses et les autres, toutes sont libres, « *quelles que soient les matières qu'on y veuille traiter,* » c'est-à-dire dispensées de l'autorisation administrative, et sous les seules conditions imposées par les articles suivants.

33. Les restrictions apportées à la liberté des réunions publiques se résument en ceci : nécessité d'une déclaration préalable (art. 2) ; — Interdiction des réunions sur la voie publique et au-delà des heures réglementaires pour la fermeture des lieux publics (art. 6) ; — Constitution d'un bureau composé de trois membres au moins (art. 8) ; — Présence d'un fonctionnaire délégué par l'administration (art. 9).

I. — DE LA DÉCLARATION PRÉALABLE

34. La première formalité à remplir pour assurer la légalité d'une réunion publique, c'est de faire précéder celle-ci d'une déclaration préalable (art. 2, § 1er), qui aura surtout pour objet et pour but de permettre à l'administration de protéger, le cas échéant, les personnes réunies, de la mettre, pour ainsi dire, en demeure d'exercer cette protection et de ne pas lui permettre d'exciper de son ignorance pour se soustraire à ce devoir.

35.—Chaque réunion doit faire l'objet d'une déclaration spéciale; une déclaration ne devrait pas, selon nous, contenir l'indication de plusieurs réunions successives.

36.—*Conditions substantielles de la déclaration préalable.*—La déclaration préalable doit contenir certaines indications précises; elle indiquera le lieu, le jour, l'heure de la réunion. Le *lieu* et non le *local* comme sous l'empire de la loi de 1868, car toute réunion publique, nous le verrons plus loin, peut se tenir autre part que dans un local clos ou couvert; elle peut avoir lieu en plein air, pourvu que ce ne soit pas sur une voie publique. Il n'est pas nécessaire que le lieu de la réunion soit désigné minutieusement; il suffit qu'aucun doute ne puisse s'élever à son sujet. Le *jour* et *l'heure*, ces deux expressions n'ont pas besoin de commentaire; faisons toutefois remarquer qu'il ne suffirait pas de dire, par exemple : la réunion aura lieu dimanche prochain *après vêpres*, car le délai de vingt-quatre heures dont il est parlé dans le dernier paragraphe de l'article 2 se compte d'heure à heure, et la déclaration doit indiquer une heure précise et exacte.

37. —La déclaration doit, en outre, être signée de deux personnes au moins, dont l'une domiciliée dans la commune où la réunion doit avoir lieu. En exigeant sept signatures, la loi de 1868 avait apporté un réel obstacle à l'organisation des réunions publiques dans les petites communes ; mais il faut reconnaître que si ce nombre de déclarants était exagéré pour les réunions publiques communales, il était très-raisonnable pour les réunions des grandes villes ; empruntée à la législation anglaise, la déclaration de sept personnes venait attester l'utilité reconnue d'une réunion publique, assurait à celle-ci un caractère vraiment sérieux, et était de nature à empêcher qu'elle ne fût le produit de quelque fantaisie individuelle. Quoiqu'il en soit, *deux signatures seront suffisantes* au bas d'une déclaration préalable de réunion publique. Dans le projet primitif de la commission, un seul signataire était reconnu suffisant; à la demande du gouvernement, on porta le nombre des déclarants à deux. Interrogé sur l'utilité de ces deux signatures, le ministre de l'intérieur s'est contenté de répondre « qu'il était convenable que, à côté de la personne complétement étrangère à la localité qui vient faire la déclaration, il y en ait une autre, domiciliée dans la commune et connue du maire. » L'on retiendra donc, au besoin, que cette prescription de la loi n'est qu'une question de convenance.

38. La déclaration ne serait pas en tous cas irrégulière si elle contenait plus de deux signatures ; elle offrirait au contraire une garantie plus grande ; et la capacité d'un des déclarants suffirait même au besoin à suppléer à l'incapacité d'un autre.

39. La loi dit que l'une des deux personnes signant la déclaration sera *domiciliée* dans la commune ; la *résidence* serait insuffisante.

40. — Les deux signatures mises au bas d'une déclaration doivent-elles être légalisées? — Nous ne le pensons pas, car la signature de celui des déclarants étrangers à la localité sera en quelque sorte légalisée par celle de l'autre déclarant domicilié dans la commune ; et le maire, le sous-préfet ou le préfet ne serait pas sans connaître ce second signataire, alors surtout qu'il viendra lui-même remettre la déclaration dans les mains du fonctionnaire.

41. — La déclaration doit indiquer les *noms, qualités et domiciles des déclarants*. Les noms, c'est-à-dire les prénoms, ainsi que le sobriquet sous lequel l'on peut être généralement connu dans la commune. Le sobriquet seul serait même suffisant, à défaut des prénoms, s'il ne laissait aucun doute sur la personnalité du signataire.

42. — Enfin la déclaration fera connaître si la réunion a pour but une conférence faite par un seul orateur, une discussion publique ou si elle doit constituer une réunion électorale (art. 4).

43. — *Capacité des déclarants.* — Nous venons de voir que l'un des deux déclarants devait être domicilié dans la commune où doit se tenir la réunion ; en dehors de cette première prescription, la loi veut que les deux déclarants jouissent de leurs droits civils et politiques (art. 2, § 2). Les étrangers ne pourront donc être des déclarants valables puisqu'ils ne jouissent pas des droits civils et politiques ; mais rien ne les empêchera d'assister à des réunions publiques autres que les réunions publiques électorales dont il est parlé à l'article 5.

44. — Au cours de la discussion du § 2 de l'article 2, M. Talandier, député, avait demandé à ce que les dé-

clarants jouissent seulement de leurs droits civils, et
que les mots « et politique » soient supprimés. Par son
amendement, l'honorable député voulait permettre
aux femmes d'organiser les réunions qu'elles veulent
provoquer en vue de conférences publiques. Il résulte
donc du rejet de l'amendement de M. Talandier que
le droit de réunion est exclusivement limité aux hommes, en ce sens que les femmes n'auraient pas le
droit de provoquer des réunions en faisant elles-
mêmes la déclaration nécessaire ; il leur faudra recourir à l'intervention et au concours des hommes pour
organiser, par exemple, une conférence.

45. — *Remise de la déclaration*. — Les déclarations
sont faites au préfet de police, aux préfets, aux sous-
préfets ou aux maires, selon que la réunion doit avoir
lieu à Paris, dans un chef-lieu de département, dans
un chef-lieu d'arrondissement ou dans une commune
(art. 2, § 3).

46. — Les deux déclarants ne sont pas tenus de remettre eux-mêmes leur déclaration au fonctionnaire
compétent pour la recevoir. Il n'est pas même nécessaire que l'un d'eux fasse cette démarche. Toute autre
personne peut être chargée de porter la déclaration
écrite à la préfecture, à la sous-préfecture ou à la mairie et de prendre un récépissé. La personne chargée
de ce soin n'a pas même besoin d'être munie d'un pouvoir quelconque ; la présence en ses mains de la déclaration suffit.

47. — Le fonctionnaire qui reçoit une déclaration
doit en donner immédiatement récépissé (art. 2, § 4). Ce
récépissé équivaut à une autorisation ; c'est la preuve
que la réunion publique projetée sera légale ; il devra

nécessairement être représenté à toute réquisition des agents de l'autorité.

48. — Le récépissé ne doit pas être refusé dès lors que la déclaration est signée de deux personnes ; les fonctionnaires ne sauraient donc refuser le récépissé sous prétexte que toutes les indications voulues par la loi ne se trouvent pas dans la déclaration. Ce n'est pas à eux, mais aux tribunaux, qu'il appartient de décider si la déclaration est ou non régulière ; ils ne doivent examiner la déclaration qu'au point de vue de sa matérialité.

49. — Si le récépissé était refusé, ou s'il n'y avait personne pour le délivrer, il faudrait faire signifier une sommation par voie d'huissier, et celle-ci remplacerait le récépissé.

50. — Légalement on ne peut exiger le récépissé que pendant les heures d'ouverture des bureaux des préfectures, sous-préfectures et mairies. Il ne faudrait donc recourir au ministère d'un huissier, qu'autant que le récépissé n'aurait pu être obtenu durant les heures où les bureaux sont ouverts.

51. — Si le préfet, sous-préfet ou maire était absent, il faudrait se transporter au domicile du délégué qui les remplace. Dans les petites communes ou les chefs-lieux de canton, la déclaration doit être remise au maire de la commune, qui en donnera récépissé ; en cas où le maire serait absent, c'est l'adjoint ou, à son défaut, le conseiller municipal premier inscrit, qui recevra la déclaration et en donnera récépissé.

52. — En cas de refus du récépissé (art. 2, § 5), deux moyens sont offerts aux organisateurs d'une réunion; l'acte extra-judiciaire ou l'attestation signée de deux citoyens domiciliés dans la commune. Le choix entre ces deux modes de constatation a surtout pour but de faciliter les réunions électorales dans les communes. Une sommation d'huissier sera toujours facile à faire dans les temps ordinaires, mais en période électorale, en un temps où le délai entre la déclaration et la réunion est réduit à deux heures, où le candidat peut avoir à tenir trois, quatre, cinq réunions dans la même journée, que faire, si le maire refuse le récépissé? On ne peut aller au chef-lieu de canton trouver un huissier; l'on n'est d'ailleurs pas certains d'en trouver un; l'on peut craindre encore que l'huissier, obligé de compter avec les nécessités de sa profession, ne consente pas à dresser de suite l'acte qu'on lui demande; en tous cas, l'on perdrait un temps considérable qui nuirait à la propagande électorale. C'est alors qu'on peut avoir recours à l'attestation de deux citoyens domiciliés dans la commune, attestation moyennant laquelle la réunion peut avoir lieu malgré le refus du récépissé du maire.

53. — L'attestation des deux témoins est d'une importance capitale pour les organisateurs d'une réunion; car si la réunion avait lieu sans récépissé et sans attestation du refus de récépissé, les organisateurs seraient poursuivis pour contravention à la loi du 30 juin 1881, et devant le tribunal ils ne seraient pas admis à prouver que la déclaration préalable a eu lieu, tandis qu'en produisant un acte extra-judiciaire de l'attestation de deux citoyens domiciliés dans la commune, ils ne peuvent plus être poursuivis. La sincérité seule de l'attestation peut être recherchée.

54. — Rien n'empêcherait de déférer le serment des deux témoins, comme en matière pénale ordinaire.

55. — Les deux témoins doivent être des *citoyens*, c'est-à-dire des personnes majeures jouissant de leurs droits civils et politiques.

56. — Il est bien certain que les organisateurs de réunion pourront toujours être poursuivis au cas où l'attestation aurait constaté un fait inexact ; et que, si des poursuites ont lieu, toutes les preuves de droit commun seront admises pour établir qu'elle était ou n'était pas mensongère ; mais s'il est établi que l'attestation était sincère, les organisateurs de la réunion seront indemnes.

57. — Il faut que les deux témoins du refus de récépissé soient domiciliés dans la commune où doit se tenir la réunion, et non pas seulement domiciliés dans le département, l'arrondissement ou le canton, comme il avait été primitivement question de l'admettre.

58. — Un délai de vingt-quatre heures doit s'écouler entre la déclaration et la réunion (art. 257). Ce délai, qui a paru largement suffisant pour les instructions à donner et les mesures à prendre par l'administration, doit se compter d'heure à heure. L'acte extra-judiciaire dressé par un huissier pour constater le refus de récépissé devra, dès-lors, être daté, non seulement du jour et de l'année, mais aussi de l'heure (art. 2, § 6).

59. — *Formule de déclaration.* — Il n'est pas nécessaire que la déclaration soit rédigée sur papier timbré ; en voici la formule :

A M. le préfet (sous-préfet ou maire), de .... à ....

Les soussignés, 1°....... 2°....... (Indiquer les noms, prénoms, professions ou qualités, et domiciles des deux citoyens désignés comme déclarants).

Déclarent par le présent qu'une réunion sera tenue à Melun, salle du Vieux Chêne (au lieu dit...), le 28 septembre 1881, à 7 heures du soir.

Cette réunion a pour but...... (Indiquer si c'est une conférence, une discussion publique, ou une réunion électorale).

A Melun, le 27 septembre 1881.

(Signatures).

Formule d'un récépissé.

Nous...... (Préfet de police, préfet, sous-préfet ou maire), *de..... reconnaissons avoir reçu une déclaration signée de MM.......* (noms et prénons des deux déclarants), *annonçant une réunion publique à........... le......... à.... heures, et dont le but est......* (Indiquer si c'est une conférence, une discussion publique ou une réunion électorale).

Le présent récépissé délivré ce jour à.. .... heure (du matin ou du soir), *conformément aux prescriptions de l'art. 2, § 4 de la loi du 30 juin 1881.*

(Date et signature).

Formule d'un acte extra-judiciaire en cas de refus de récépissé.

L'an mil huit cent quatre-vingt........ le...... à l'heure de .... à la requête de (Noms, prénoms, professions ou qualités, domiciles des déclarants).

Je soussigné....... huissier près le tribunal de...... domicilié à......

A fait d'abord sommation à (Préfet de police, préfet, sous-préfet, ou maire), *parlant à.......*

D'avoir à délivrer le récépissé d'une déclaration de réunion publique (ou électorale), *faite ce jour à l'heure de...., par mes requérants, de laquelle déclaration je suis porteur et offre de remettre au dénommé, ledit récépissé devant être donné immédiatement, conformément à l'article 2, § 4 de la loi du 30 juin 1881,*

Lequel m'a répondu que...... (ou bien en *l'absence de*

toute réponse ou de tout fonctionnaire représentant le dénommé....)

J'ai en conséquence déclaré au dit M........ parlant comme ci-dessus, qu'une réunion publique (ou électorale) sera tenue à........ le....... à l'heure de......

Lui déclarant que le présent vaudra récépissé, conformément à l'art. 2, § 5 de la loi sus-visée.

Et ont les requérants signé avec moi sur l'original et la copie.

Formule d'une attestation par témoins en cas de refus de récépissé.

Nous soussignés, 1°....., 2°...... (Noms, prénoms, professions ou qualités, domiciles des deux attestants) *attestons pour servir à qui de droit, que MM......* (Noms, prénoms, professions ou qualités, domiciles des deux déclarants) *se sont présentés ce jour* (ou bien ont fait présenter telle personne) *à.......* (Préfecture, sous-préfecture ou mairie de..) *pour y faire la déclaration prescrite par l'article 2 de la loi du 30 juin 1881, en vue d'une réunion publique* (ou *d'une réunion électorale*) *qui se tiendra à..... le...... à......* *heure du soir.*

En foi de quoi nous avons signé la présente déclaration conformément à l'article 2, § 5 de la loi susvisée.

                              (Date, heure et signatures).

II. — LIEUX ET HEURES INTERDITS.

60. — Les réunions ne peuvent être tenues sur la voie publique ; elles ne peuvent se prolonger au-delà de onze heures du soir ; cependant, dans les localités où la fermeture des établissements publics a lieu plus tard, elles pourront se prolonger jusqu'à l'heure fixée pour la fermeture de ces établissements (art. 6).

Les réunions, *ne peuvent être tenues sur la voie publique*, est une rédaction un peu vague qui pourrait laisser ouverture à quelques discussions si nous n'en précisions la portée. Les réunions interdites sur la voie publique sont aussi bien celles qui pourraient se produire accidentellement sous la forme d'un rassemblement ou d'un attrouppement, que celles soumises à la déclaration préalable ; les réunions accidentelles restant soumises aux dispositions de la loi du 7 juin 1848, sur les attrouppements. Quant aux réunions publiques en plein air, elles demeurent toutefois autorisées, dans une cour ou dans un champ, par exemple, qu'il soit clos ou non clos pourvu qu'il ne soit pas un lieu public. Mais le législateur n'a pas voulu de réunion sur la voie publique pouvant entraver la circulation. En résumé, les réunions publiques peuvent avoir lieu en plein air, pourvu que ce ne soit pas sur des voies publiques, c'est-à-dire sur une place, dans une rue, dans un chemin.

61. — Les réunions peuvent se tenir à toute heure du jour, et même dans la soirée, mais ne se peuvent prolonger au-delà de l'heure fixée pour la fermeture des lieux publics. Les considérations de moralité et de police qui commandent d'astreindre les établissements publics, tels que les cabarets et les cafés, à fermer à une heure déterminée ont inspiré cette restriction à la liberté de réunion, dont la prolongation nocturne pourrait être de nature à troubler le repos des habitants.

62. — La fixation d'une heure de clôture, faite d'une manière générale, pour tous les lieux publics, par l'autorité municipale, sous réserve de l'approbation du préfet, s'applique de plein droit aux réunions publiques. Mais en dehors de ces arrêtés généraux pour tous les établissements publics, l'administration qui

a le droit de modifier les règlements relatifs à cet
objet, soit pour avancer soit pour reculer les heures
de fermeture, pourrait prendre des arrêtés spéciaux
pour les réunions publiques, et ordonner leur clôture
à une heure moins tardive que celle des autres établissements publics. Il ne faut jamais oublier en cette
matière que les maires ont toujours le droit, sous la
réserve de l'approbation de leur supérieur hiérarchi-
que, de prendre toutes les mesures de police propres à
assurer le maintien du bon ordre dans les endroits où
il se fait de grands rassemblements d'hommes (Loi des
16-24 août 1790, titre xi, art. 3).

63. — L'autorité municipale peut-elle, malgré les
termes impératifs de l'art. 6 de la loi du 30 juin 1881 :
« Les réunions ne peuvent être tenues sur la voie publique », autoriser des réunions sur la voie publique
lorsqu'elle n'y voit pas d'inconvénient? Cette question
avait été résolue affirmativement dans le projet de la
commission qui disait : « Une réunion ne peut être
tenue sur la voie publique, *sauf autorisation de l'autorité municipale*, » et M. Naquet ajoutait dans son
rapport : « Quant à l'addition qui a pour but de permettre à l'autorité municipale d'autoriser les réunions
sur la voie publique lorsqu'elle n'y voit pas d'inconvénient, elle a été attaquée comme inutile, le droit
pour l'autorité municipale d'accorder cette autorisation étant incontestable. Mais il a paru à votre commission qu'une loi n'est jamais assez complète lorsqu'il
s'agit d'affirmer un principe libéral. Les autorités des
petites communes peuvent ignorer l'étendue de leurs
attributions et il était bon de les leur rappeler explici-
tement. »

Lors de la première discussion de la loi à la Chambre des députés, les mots « sauf autorisation de l'autorité municipale » avaient déjà été retranchés du

projet de loi ; mais il ne faut pas, ce nous semble, en conclure que les maires ne peuvent pas autoriser de réunions sur la voie publique, s'ils jugent qu'elles sont dépourvues d'inconvénients.

III. — DU BUREAU ET DE SES ATTRIBUTIONS.

64. — *Composition du bureau.* — Toute réunion doit avoir un bureau composé de trois personnes au moins (art. 8). Cette restriction apportée au libre exercice du droit de réunion, ne souffre pas de contradiction et n'a donné lieu à aucune discussion dans le Parlement. Une assemblée quelconque ne peut être abandonnée à elle-même sans qu'elle dégénère immédiatement en rassemblement tumultueux ; il lui faut une direction, c'est le rôle du bureau.

65. — La formation du bureau doit, bien entendu, précéder toute discussion ; ou bien les membres ont été désignés au préalable par les signataires mêmes de la déclaration, ou bien ils sont élus par l'assemblée, ou bien encore le bureau est en quelque sorte improvisé sous les yeux de l'assemblée, avec son approbation expresse ou tacite. La loi ne prescrit pour la composition du bureau aucune forme déterminée. En cas de désignation préalable, la présence des assistants est par elle-même une ratification des choix qui ont été faits ; en cas d'improvisation ou d'élection du bureau, les citoyens réunis statuent souverainement, et toutes difficultés soulevées à l'occasion de la composition du bureau est de la compétence exclusive de l'assemblée ; elles ne peuvent faire l'objet d'aucun recours.

66. — La loi dit que le bureau sera composé d'au moins trois personnes, c'est-à-dire d'un président et de deux assesseurs. Deux assesseurs c'est leur minimum ; il n'est pas interdit d'en augmenter le nombre et de le porter à quatre ou à six par exemple. Mais il convient que les assesseurs soient en nombre pair, afin que la majorité se fasse facilement dans le cas où le bureau aurait à délibérer et à prendre une résolution. Si le nombre des assesseurs était impair, en cas de partage la voix du président devrait être prépondérante.

67. — *Attributions du bureau.* — Le président et les assesseurs sont chargés : 1° de maintenir l'ordre dans l'assemblée ; 2° d'empêcher toute infraction aux lois ; 3° de conserver à la réunion le caractère qui lui a été donné par la déclaration préalable ; — 4° d'interdire tout discours contraire à l'ordre public et aux bonnes mœurs ou contenant provocation à un acte qualifié crime ou délit. Les attributions des membres du bureau d'une réunion publique sont, on le voit, les mêmes que celles qui incombent à tous ceux qui ont la mission de présider une assemblée ; comme eux, ils doivent avant tout user de l'autorité morale que leur donne le mandat qu'ils ont reçu, maintenir la régularité et la dignité des discussions par des exhortations et des remontrances adressées aux interrupteurs, ramener le calme au moyen de rappels à l'ordre infligés aux perturbateurs, enfin suspendre ou lever la séance suivant qu'il devient plus ou moins difficile de dominer le tumulte. Les membres du bureau n'ont que des moyens moraux d'exercer leurs attributions ; jamais ils n'ont le droit de requérir directement la force publique pour assurer l'exercice des attributions que la loi leur a confiées ; ils doivent toujours s'adresser pour obtenir le concours de la force armée aux fonctionnaires qui ont mission de la requérir.

68. — Le bureau doit *empêcher toute infraction aux lois* ; cette mission est impérative ; ce n'est pas une recommandation platonique, c'est un devoir dont la transgression est punie par les tribunaux ; si les membres du bureau ne font pas respecter la loi, ils seront punis, comme nous verrons plus loin.

IV. — DU FONCTIONNAIRE DÉLÉGUÉ

69. — Un fonctionnaire de l'ordre administratif ou judiciaire peut être délégué pour assister à une réunion publique (art. 9). Il n'est pas tenu de porter ses insignes et de revêtir un uniforme ; il a le droit de choisir sa place.

70. — Le délégué de l'administration ne sera pas un *agent*, comme par exemple un garde-champêtre, mais un *fonctionnaire* de l'ordre administratif et judiciaire, c'est-à-dire un préfet, un sous-préfet, un maire, un commissaire de police, un juge de paix, voire même un procureur de la République ou un substitut.

71. — Pour assister à la réunion avec un titre officiel, c'est-à-dire avoir le droit de choisir sa place et intervenir dans les cas prévus par la loi, le fonctionnaire de l'ordre administratif doit avoir reçu une délégation spéciale, à Paris, du préfet de police, et dans les départements, du préfet, du sous-préfet ou du maire. S'il ne justifiait pas de sa délégation, les membres du bureau pourraient assurément, sinon lui refuser l'entrée de la réunion puisqu'elle est publique, du moins lui dénier tout caractère officiel et s'opposer à ce qu'il choisisse sa place et intervienne dans les cas prévus par la loi.

72. — Ce sont dans les mots : *il choisit sa place* que

semblent, en réalité, résider les immunités du fonctionnaire délégué par l'administration. La loi du 30 juin 1881 ne créc pas, en effet, la présence de l'agent administratif dans les réunions publiques, tous les fonctionnaires administratifs ou judiciaires, tous les commissaires de police peuvent y pénétrer comme tous les autres citoyens ; seulement au délégué le bureau de la réunion devra montrer quelques égards ; au lieu de le laisser debout, par exemple, il lui offrira un siège à l'endroit qu'il choisira ; c'est peut-être là le seul avantage qu'il retirera de sa délégation. Enfin quand le législateur dit que le délégué prend une place à son choix, cela s'entend d'une place qui peut être aussi convenable que celle des membres du bureau, mais qui ne doit pas l'être davantage. On comprend d'ailleurs que le délégué doit être laissé juge des conditions qui lui permettront de surveiller plus efficacement les orateurs et l'assemblée, de mieux voir et de mieux entendre. Il se placera le plus ordinairement derrière les membres du bureau ou à côté d'eux ; mais comme il a le droit de se placer partout ailleurs, nous pensons qu'il pourrait même exiger une place déjà occupée par une autre personne, s'il en manifestait le désir ; et le bureau devrait lui faire donner la place qu'il a désignée.

73. — C'est le fonctionnaire délégué qui a seul droit à la place qui lui convient ; et son secrétaire ou un sténographe l'assistant ne pourrait réclamer le bénéfice de la même faveur.

74. — Co n'est pas une obligation pour l'administration de déléguer un fonctionnaire à la séance ; c'est une simple faculté dont elle peut ne pas user. Dès lors, on n'attendra pas l'arrivée du délégué pour ouvrir la séance, quand bien même les membres du bureau auraient été prévenus de la présence possible d'un délégué ; s'il s'absente, la séance n'est pas pour cela interrompue. Enfin si les membres du bureau veulent délibérer, le **délégué** n'a pas le droit d'assister à leurs délibérations.

75. — *Attributions du délégué.* — En réservant le droit à l'administration de se faire représenter dans toute assemblée où le public est admis, le législateur a voulu donner une arme défensive à l'autorité, qui a la charge de sauvegarder l'ordre, et le devoir de protéger la liberté des citoyens qui veulent user du droit de réunion. Mais l'accomplissement de cette mission ne nécessite nullement qu'on donne à l'agent de l'autorité un rôle actif dans les discussions, ni qu'on lui attribue la direction des débats. Que le maire, le commissaire de police ou le garde-champêtre soit présent partout où une réunion publique donne sujet de craindre des actes dont pourraient avoir à souffrir l'ordre et la liberté ; que l'agent de l'autorité constate les faits dont il est témoin ; qu'il dresse des procès-verbaux ; qu'au besoin même, et par exception, dans certains cas de désordre matériel bien spécifiés par la loi, il puisse intervenir et prononcer la dissolution d'une réunion qui serait l'occasion d'excès matériels auxquels il serait urgent de mettre fin ; tout cela est conforme au droit, tout cela rentre dans le rôle naturel des agents de l'autorité : ils sont alors dans l'exercice légitime de leurs attributions. Mais qu'on leur donne autorité sur le bureau et sur l'assemblée ; qu'ils aient le droit d'apprécier les discours, de décider quelle thèse est permise et quelle thèse est interdite, de donner des avertissements à défaut desquels il n'y aurait responsabilité ni pour le bureau ni pour les orateurs ; que non-seulement ils aient ainsi la direction effective des débats, mais qu'ils aient pouvoir de se constituer souverains appréciateurs des discours des orateurs, de la conduite du bureau ; qu'enfin ils puissent prendre des mesures de répression en prononçant la dissolution de la réunion : cela nous paraîtrait inadmissible dans une loi de liberté. Il y aurait d'ailleurs beaucoup plus d'inconvénients que d'avantages à mettre les assemblées sous la tutelle d'un fonctionnaire qui n'est responsable que vis-à-vis de ses chefs ; les attributions qu'on lui confierait risqueraient de porter atteinte, non seulement aux droits des citoyens, mais aussi au prestige de l'autorité en rendant celle-ci solidaire des erreurs d'un agent parfois peu capable et presque toujours incompétent.

76. — Telles sont les pensées qui ont inspiré le législateur lorsqu'il a rédigé l'article 9 de la loi du 30 juin sur la liberté des réunions. Il a voulu que les citoyens, qui auront accepté la mission de former le bureau, aient seuls la direction des débats, le devoir de maintenir l'ordre des délibérations, et, par voie de conséquence, qu'ils aient seuls la responsabilité. Quant au représentant de l'autorité, il aura mission de veiller au maintien de l'ordre matériel, d'assurer le respect des droits des citoyens qui demanderont à les exercer paisiblement, de constater les infractions aux lois qui pourraient être commises ; mais il n'aura jamais le pouvoir, comme sous l'empire de la législation antérieure, de les réprimer lui-même, si ce n'est dans certains cas rigoureusement précisés, et dans lesquels il est exceptionnellement autorisé à prononcer la dissolution de la réunion.

77. — Le fonctionnaire délégué ne peut dissoudre la réunion que *s'il en est requis* par le bureau, c'est-à-dire que ce fonctionnaire sera sous la dépendance du bureau et non le bureau sous la dépendance du délégué de l'administration. C'est qu'en effet le bureau, qui est seul responsable de la bonne tenue de la réunion, doit être le maître de sa direction. Ce n'est qu'en cas de collision ou de voies de fait, c'est-à-dire lorsque le tumulte aura atteint un degré d'intensité tel qu'il constituera un véritable désordre, et que le président de la réunion aura la faiblesse de ne pas intervenir, que l'agent délégué de l'administration, devra agir personnellement et directement.

78. — En cas de tumulte, l'agent de l'autorité n'a pas davantage à intervenir s'il n'est pas requis par le président de la réunion. C'est celui-ci qui est seul juge, avec ses assesseurs, de la question de savoir si la réunion est à ce point tumultueuse qu'il faille la dissoudre. Si donc le président n'est plus maître de la réunion, il n'a qu'à lever la séance et se retirer avec ses assesseurs ; il n'y a plus alors de réunion publique légale puisqu'il n'y a plus de bureau ; il ne reste plus qu'une réunion illégale, qu'un attroupement qui tombe sous le coup des lois ordinaires, et le commissaire de police, l'autorité, intervient alors naturellement sans qu'il soit nécessaire de lui conférer spécialement ce droit. Tant que le rassemblement est sous la protection de la loi qui régit les réunions publiques, l'intervention de l'autorité est inutile. Les assistants eux-mêmes feront d'ailleurs la police de la salle ; ils comprendront que voulant jouir des droits qu'ils puisent dans la loi du 30 juin 1881, ils ont intérêt à ce que l'ordre règne dans les réunions publiques, et ils n'ont pas besoin de l'intervention des représentants de l'autorité pour exercer avec calme et sécurité leurs droits de citoyens.

79. — Le législateur n'a pas voulu que le fonctionnaire-délégué de l'administration, quel que soit son grade, ait le droit d'avertissement, c'est-à-dire la direction effective des débats ; il ne peut être juge de la question de savoir si un orateur a commis un délit de parole ; car il n'y a rien de plus difficile, de plus subtil, de plus impalpable qu'un délit de parole, fugitif comme le temps et les circonstances. Il était en effet impossible d'admettre, alors que les tribunaux sont si souvent embarrassés pour décider si tel ou tel article de journal constitue le délit d'excitation à la haine ou d'infraction à la loi, qu'un commissaire de police pût, au milieu d'une improvisation, déterminer de suite ce qui, dans les paroles de l'orateur, constituerait un délit et l'arrêter au passage comme un douanier arrêterait un contrebandier.

80. — Bien que le gouvernement ne puisse ajourner ou dissoudre à sa volonté, par l'intermédiaire d'un agent délégué, une réunion publique, il conserve à sa disposition le droit commun, c'est-à-dire la loi du 24 août 1790 et les subséquentes qui donnent à la police municipale, à l'autorité administrative, la mission d'exercer son action, sa surveillance et son droit de répression dans les lieux ouverts à tous les genres de réunions publiques.

81. — Le rôle de l'agent délégué sera donc, la plupart du temps, simplement de tout voir, de tout entendre, et de recueillir dans son procès-verbal les contraventions, les infractions qui auront été commises en sa présence, mais qu'il lui sera interdit de réprimer. Il n'a pas le mandat de prévenir, il ne peut que réprimer par ses procès-verbaux.

82. — Lorsque le fonctionnaire **délégué** exercera

le droit de dissolution qui lui est confié par le § 4 de l'art. 9 de la loi du 30 juin 1881, les personnes réunies devront se séparer à sa première réquisition. Il est bien certain que ce fonctionnaire ne pourrait, après avoir déclaré la réunion dissoute, si les citoyens réunis refusaient de se séparer, appliquer en pareille matière la loi du 7 juin 1848 sur les attroupements, puisque les réunions n'auront jamais lieu sur la voie publique ; mais il pourra, en cas de résistance, faire disperser la réunion au besoin *manu militari*, puisant dans le droit commun le pouvoir de requérir la force publique pour l'exécution de la loi, soit directement en vertu de l'art. 25 du code d'instruction criminelle s'il a personnellement la qualité d'officier de police judiciaire, soit, dans le cas contraire, par l'intermédiaire du maire dont il réclamera l'assistance et dont les attributions générales de police sont maintenues par la loi du 30 juin 1881.

83. — Le droit de dissolution qui appartient au fonctionnaire délégué, dans les cas prévus par l'art. 9, § 4, ne modifie en rien le caractère délictueux des faits qui peuvent se produire dans les réunions publiques auxquelles il assiste officiellement. C'est d'ailleurs ce qui a été jugé, sous l'empire de la loi de 1868, dans les circonstances suivantes :

Un sieur P... était prévenu d'attaque au principe de la propriété et d'excitation à la haine et au mépris des citoyens les uns contre les autres, délits commis par un discours prononcé dans une réunion publique (1) ; son défenseur contesta le caractère punissable de ces délits, en prétendant que tout était administratif dans la réglementation nouvelle du droit

---

(1) Dans la salle du Pré-aux-Clercs, à Paris, le 15 décembre 1868.

de réunion, et que la présence d'un représentant de l'autorité, armé du droit de dissolution, mettait obstacle à l'action du pouvoir judiciaire, désormais subordonné à l'intervention de l'administration. La cour de Paris (Chambre des appels correctionnnels), repoussa cette prétendue fin de non-recevoir, et jugea, le 25 février 1869, par les motifs suivants, que les attributions conférées au fonctionnaire délégué peuvent se concilier avec le droit de poursuite, que l'article 9 réserve formellement à l'autorité judiciaire : « Sur le moyen tiré de ce que, les réunions publiques ayant lieu en présence d'un agent de l'autorité qui a le droit d'en prononcer la dissolution, les faits qui se passent dans ces réunions ne peuvent constituer des délits, et donnent seulement à l'agent de l'autorité le droit d'en ordonner la dissolution : — Considérant que les expressions déjà citées de l'article 9 de la loi du 10 juin 1868 (sans préjudice des poursuites qui peuvent être exercées pour tous crimes ou délits commis dans ces réunions publiques) répondent à cette partie des conclusions ; que la loi, indépendamment de la faculté qu'elle accorde aux agents de l'autorité de dissoudre les réunions, réserve le droit de poursuivre tous les faits punissables qui ont été commis dans ces réunions ; qu'il s'ensuit que l'art. 7 du décret du 11 août 1848 doit recevoir son application si des faits prévus par ce décret sont commis dans des réunions publiques..... »

84. — Si le délégué voulait agir en dehors des termes de l'art. 9, il commettrait une illégalité flagrante à laquelle les assistants pourraient ne pas obéir et même s'opposer, sans se rendre coupables de rébellion. Nous devons dire toutefois que la jurisprudence de la cour de cassation tend à refuser aux citoyens le droit de s'opposer aux actes même illégaux des agents du pouvoir.

85. — *Procès-verbal du délégué*. — Bien que la loi du 30 juin 1881 ne prescrive pas au délégué de rédiger un procès-verbal des faits dont il sera le témoin, nous pensons que l'obligation pour le fonctionnaire de dresser procès-verbal des faits n'est point circonscrite au cas où il a dû exercer le pouvoir de dissolution ; il doit constater tous les faits ayant un caractère délictueux qui se produisent dans une réunion publique, alors même qu'ils n'ont point eu une gravité ou un retentissement suffisants pour entraîner la dissolution de l'assemblée.

86. — Le délégué transmet son procès-verbal à l'autorité compétente, c'est-à-dire à l'autorité judiciaire, chargée de la répression des crimes et des délits ; c'est donc au procureur de la République de l'arrondissement dans lequel la réunion publique s'est tenue à rédiger un rapport destiné à éclairer l'autorité administrative sur l'application de la loi et sur l'état des esprits ; c'est une mesure de police gouvernementale, dont le pouvoir législatif n'avait point à s'occuper.

86 *bis*. — Le procès-verbal du représentant de l'autorité n'est pas soumis à des formes déterminées, la loi n'a prescrit aucune forme de rédaction. En effet, l'existence d'un procès-verbal n'est pas la base nécessaire de la poursuite, comme elle le serait par exemple en matière de douanes ou de contributions indirectes ; ce n'est qu'un simple mode de preuve, qui peut être remplacé par d'autres, et qui ne doit être assujetti, par conséquent, à aucune forme de procédure solennelle. Cette question avait déjà été soulevée dans la discussion du décret du 28 juillet 1848, et résolue dans le sens de la liberté de rédaction (1). Toutefois,

---

(1) Le projet de la commission de 1848 exigeait que la rédaction

il avait été entendu que le procès-verbal du fonctionnaire serait signifié au prévenu avant toute poursuite. Aucune allusion n'a été faite, dans la discussion de la loi de 1881, à cette condition de la signification, il n'y a donc pas lieu de l'exiger. Ces formalités ne seraient nécessaires que si le procès-verbal du délégué faisait foi jusqu'à inscription de faux.

87. — Le *procès-verbal* du délégué *ne fait foi que jusqu'à preuve contraire*. Ses énonciations peuvent être combattues et détruites par des éléments de preuve d'un autre ordre, et notamment, par les déclarations des personnes qui assistaient à la réunion dans laquelle les faits incriminés auraient été commis. Les tribunaux saisis de la connaissance des délits commis dans ces assemblées n'ont jamais pris le procès-verbal du fonctionnaire délégué comme base unique de leurs décisions ; ils en ont fait confirmer les énonciations à l'audience par la déposition du rédacteur lui-même, entendu sous la foi du serment, et ont admis le prévenu à invoquer des témoignages contraires. C'est par application de ce principe que le tribunal correctionnel de la Seine a acquitté, le 4 février 1869, un sieur P... Dans une réunion d'ouvriers tenue pour discuter les statuts d'une société coopérative, ce prévenu avait, comme rapporteur de la commission chargée de préparer les statuts, donné lecture d'un discours qui avait paru au ministère public renfermer des délits : « attendu, dit le jugement, que de la déposition du commissaire de police, rédacteur du procès-verbal

---

du procès-verbal fût précédée d'un avertissement, et M. Bac avait demandé le maintien de cette condition. M. Senard la fit rejeter par le motif que la poursuite n'était pas subordonnée à l'existence d'un procès-verbal (*Moniteur* du 26 juillet 1846).

de la séance du 6 décembre 1868 à la réunion publique
de la salle Molière, il résulte qu'au moment où a été
prononcée la première phrase du discours manuscrit
que P... a lu, l'assemblée, sans être tumultueuse,
était toutefois en ce moment assez bruyante pour
qu'il soit possible que les mots incriminés, savoir :
« Il faut effacer jusqu'au nom de propriétaire, »
n'aient pas été perçus par lui exactement ; que ces
mots semblent, en effet, n'être point en harmonie
avec la pensée dominante de la phrase à laquelle ils
se rattachent ; qu'il résulte des documents fournis à
l'audience et des dépositions des témoins, que le
manuscrit lu par P..., et qui a été immédiatement
porté à l'impression, ne les contenait pas ; que les
membres de la commission qui ont collaboré à ce tra-
vail ont, avec le prévenu, protesté à l'audience que les
mots incriminés n'ont pas été prononcés, et qu'ils
auraient été, de leur part, l'objet d'une protestation
immédiate d'autant plus énergique qu'ils auraient
complétement dénaturé le sens et la portée d'une délibération commune ; qu'il s'élève dès lors un doute
sur l'existence même des paroles incriminées..... attendu qu'il ne résulte d'aucune partie du discours, non
plus que de son ensemble, que P... ait commis les
délits d'attaque au principe de la propriété et d'excitation à la haine et au mépris des citoyens les uns
contre les autres, relevés à sa charge ; — le renvoie
des fins de la poursuite sans dépens. »

V. — DU POUVOIR DES MAIRES.

88. — En disant qu'il n'est rien innové aux lois de
1790, 1791 et 1837, et en redigeant le § 3 de l'art. 9,
le législateur a voulu maintenir les droits des maires
à la police municipale, dans le cas où l'assemblée de-
viendrait tumultueuse et où il faudrait prendre des

mesures pour établir l'ordre troublé. Voici le texte des lois visées :

La *loi des* 16-24 *août* 1790, titre XI, article 3, conféra aux corps municipaux des attributions à la fois préventives et répressives : « Les objets de police confiés à la vigilance et à l'autorité des corps municipaux sont..... 2° le soin de réprimer et punir les délits contre la tranquillité publique, tels que.... *le tumulte excité dans les lieux d'assemblée publique* ; 3° le maintien du bon ordre *dans les endroits où il se fait de grands rassemblements d'hommes,* tels que les foires, marchés, réjouissances et cérémonies publiques, spectacles, cafés, églises *et autres lieux publics.*

La *loi des* 16-22 *juillet* 1791, article 46, dispose que la police municipale a pour objet *le maintien habituel de l'ordre et de la tranquillité de chaque lieu,* et reconnaît au corps municipal le droit de prendre des arrêtés, lorsqu'il s'agira d'ordonner les précautions locales sur *les objets confiés à sa vigilance et à son autorité.*

Enfin, la *loi du* 18 *juillet* 1837 contient les dispositions suivantes : Art. 9. — Le maire est chargé, sous l'autorité de l'administration supérieure.... 3° de l'exécution des mesures de sûreté générale. — Art. 10. — Le maire est chargé, sous la surveillance de l'administration supérieure : 1° de la police municipale...,. — Art. 11. — Le maire prend des arrêtés à l'effet : 1° d'ordonner les mesures locales sur les objets confiés par les lois à sa vigilance et à son autorité....

Telles sont *les lois existantes* auxquelles l'article 9 fait allusion. Ces dispositions, qui, en effet, sont encore en vigueur, prennent leur source dans la nécessité de confier le maintien du bon ordre dans les lieux publics à l'autorité locale, qui peut toujours être présente, et qui exerce toujours sur les populations l'influence morale la plus directe.

89. — En maintenant aux maires le droit de surveillance générale dont ils sont investis par leurs attributions de police réglées par les lois de 1790 et 1791, le § 3 de l'article 9 de la loi du 30 juin 1881, n'a rien ajouté à leurs fonctions ordinaires et ne leur a donné aucune fonction spéciale dans les réunions publiques. Ces droits spéciaux n'appartiennent qu'au fonctionnaire spécial délégué près de la réunion. Si donc le maire vient à la réunion, ce ne sera pas pour dissoudre l'assemblée, comme pourrait le faire, le cas échéant, le fonctionnaire délégué. Le maire n'a, aux termes de l'article 7, que le droit général que lui confèrent les lois antérieures, celles de 1790 et de 1791, c'est-à-dire le droit de surveiller toutes les réunions publiques formées sur le territoire de la commune. S'il se commet des crimes, s'il se commet des délits, des contraventions générales, des délits de droit commun, le maire peut et doit, à raison de sa qualité de maire, dresser procès-verbal ; si la réunion devient tumultueuse, si elle menace la tranquillité publique, il n'a pas besoin de loi nouvelle pour exercer son droit ; sans se préoccuper du fonctionnaire délégué, il arrive comme maire, il peut et doit comme maire, requérir la force publique, faire cesser le trouble en mettant fin à la réunion et en faisant fermer les portes.

Ainsi, le pouvoir du maire est purement répressif, et non pas préventif ; c'est un droit de surveillance, et non pas un droit d'interdiction. Il ne prend naissance qu'au moment où la réunion se tient ; il ne peut s'exercer que lorsqu'elle devient tumultueuse. Il a pour objet le maintien de l'ordre public ; comme moyen d'exécution, le droit de dissolution, et, en cas de résistance, le recours à la force publique. Ces droits sont analogues à ceux du fonctionnaire délégué, qui a également le droit de dissoudre l'assemblée dans cer-

tains cas déterminés, et de requérir la force publique
pour l'exécution de la loi. Il n'est point douteux qu'en
sa qualité d'officier de police judiciaire, le maire ait
encore, concurremment avec le représentant de l'autorité centrale, le droit de dresser procès-verbal des
faits délictueux commis dans une réunion. Mais le
maire, investi uniquement de la police matérielle, demeure absolument étranger aux mesures à prendre
pour prévenir ou réprimer les écarts de la discussion ;
lors donc qu'elle vient à porter sur des matières
étrangères à l'objet de la réunion, le magistrat municipal doit s'abstenir de toute intervention, laissant
aux membres du bureau le soin de rappeler les orateurs à la question. C'est donc au cas de tumulte seulement que le maire et le fonctionnaire se trouvent
investis de pouvoirs identiques et parallèles. Chacun d'eux les exercera librement, dans la plénitude de
son indépendance. Le maire n'aura pas à se préoccuper de la ligne de conduite que le délégué croirait devoir tenir ; et, à l'inverse, le délégué exercera les
droits que lui confère l'article 9, quelle que soit l'atti-
tude du maire vis-à-vis d'une réunion tumultueuse.

CHAPITRE IV.

90. — Les réunions électorales sont celles qui ont pour but le choix ou l'audition de candidats à des fonctions publiques électives (art. 5).

91. — La loi du 30 juin 1881 n'a pas, comme la loi de 1868, limité aux périodes d'élections législatives seules, l'application des dispositions de liberté dont bénéficient les réunions électorales. Des réunions de cette nature pourront donc désormais se produire, aussi bien pour les élections législatives que pour les élections sénatoriales, départementales ou municipales. Chaque fois qu'il y aura, dans une circonscription électorale, une élection, et par suite un ou plusieurs candidats, il sera loisible aux citoyens de cette circonscription d'organiser une ou plusieurs réunions électorales pour entendre ou choisir le ou les candidats. Les électeurs ont le même intérêt à entendre leurs candidats, quelle que soit l'élection dont il s'agisse ; et c'est ce qui a décidé le législateur de 1881 à considérer comme réunion électorale toute réunion ayant pour but la désignation ou l'audition de candidats à des fonctions publiques électives quelconques.

92. — Les réunions électorales sont moins libres que les réunions publiques ordinaires en ce qu'elles ne peuvent se tenir en tout temps, mais seulement pendant la période dite électorale (art. 3) ; et que tout le monde ne peut y être librement admis, mais seulement les électeurs de la circonscription, les membres des deux Chambres, les candidats et leurs mandataires (art. 5). Mais d'autre part, les réunions électorales jouissent d'immunités plus grandes que les réunions publiques ordinaires, en ce qu'elles peuvent avoir lieu deux heures seulement, au lieu de vingt-quatre, après la déclaration préalable (art. 3, § 1) ; et en ce qu'elles peuvent même suivre immédiatement la déclaration, lorsqu'elles ont lieu à l'occasion d'un second tour de scrutin (art. 3, § 3).

1. — *Etendue de la période électorale.*

39. — Les réunions électorales ne peuvent se tenir en tout temps, mais seulement pendant la période électorale, c'est-à-dire pendant ce laps de temps où les citoyens sont appelés à s'occuper spécialement des grands intérêts du pays ; en dehors de cette période, la discussion des candidatures nous paraîtrait stérile et jusqu'à un certain point compromettante pour l'ordre public et la paix des esprits. La période électorale est, pour chaque élection, celle comprise entre le décret ou l'arrêté portant convocation du collège électoral et le jour de l'élection exclusivement ; elle est de vingt jours.

94. — Sous l'empire de la loi de 1868, les réunions électorales ne pouvaient avoir lieu pendant toute la durée de la période électorale ; cinq jours avant l'ouverture du scrutin, elles étaient interdites ; les réunions privées étaient seules permises. C'était restreindre arbitrairement la faculté que les électeurs doivent avoir de se concerter jusqu'à la dernière heure pour l'exercice de leur droit de suffrage ; réduits presque au silence pendant les cinq derniers jours qui précédaient le scrutin, les candidats pouvaient se trouver désarmés contre les attaques ou les manœuvres de la dernière heure, qui jouent toujours un si grand rôle dans presque toutes les élections. La loi du 30 juin 1881 n'a pas reproduit cette restriction, et les réunions électorales pourront désormais avoir lieu pendant *vingt jours,* c'est-à-dire à *partir de la promulgation du décret de convocation* du collége électoral *jusqu'au jour de l'élection exclusivement* ; elles pourront donc avoir lieu la veille même de l'ouverture du scrutin, jusqu'à minuit.

95. — Bien plus, des réunions électorales pourront avoir lieu le jour même du vote, mais dans un seul cas, celui où il s'agira d'élections comportant plusieurs tours de scrutin dans la même journée (art. 3, § 2), par exemple en matière d'élections sénatoriales ou en matière d'élections municipales, dans lesquelles le deuxième tour de scrutin, s'il est nécessaire d'y recourir, peut avoir lieu dans la même journée.

96. — Le projet de loi primitivement adopté par la Chambre des députés (séance du 15 mai 1880) portait que la réunion pourrait toujours avoir lieu le jour même du vote « si elle était organisée par un sénateur, un député, un conseiller général ou un conseiller d'arrondissement, dans les limites de la circonscription qui l'a élu. » — Le Sénat a supprimé ce paragraphe, estimant que cette dispense de toutes les règles du droit commun accordée à quelques citoyens n'était pas suffisamment justifiée par un intérêt général, et qu'en dehors de la répugnance qu'il éprouvait à édicter une législation de faveur au profit de certains privilégiés, il pourrait y avoir des inconvénients dans cette faculté donnée à la fois à un assez grand nombre de personnages politiques, sans que l'autorité pût avoir le temps de prendre les mesures nécessaires à l'accomplissement de sa mission. » — Lorsque le projet de loi modifié par le Sénat est revenu en discussion à la Chambre des députés, M. Jules Maigne a demandé le rétablissement du paragraphe supprimé par le Sénat (*J. Officiel* du 1er avril, p. 710); et l'honorable député fit remarquer que ce n'était pas un privilège exorbitant que celui qu'il réclamait en faveur des mandataires élus de la nation, mais une prérogative utile. « Par exemple, dit-il, je serais dans ma circonscription, mes amis viendraient me dire : Il y a telle loi qui a été mal comprise, telle mesure du gouvernement qui se trouve calomniée, tel vote que vous avez émis qui est incriminé; si nous faisions une réunion, vous pourriez donner des explications à la population qui, éclairée par la discussion, saura être juste et revenir sur son appréciation première. Avec la loi telle qu'elle est, je ne le pourrais pas. » — L'amendement de M. Maigne n'a pas été adopté.

97. — Lors de la seconde discussion du projet de loi devant la Chambre des députés, M. Chevandier a manifesté son étonnement de voir inscrire dans la loi nouvelle sur la liberté de réunion, une disposition qui rejette hors de toute réunion électorale ceux qui ne sont pas électeurs dans la circonscription; les membres des deux Chambres seuls bénéficiant du droit d'y entrer (*J. Officiel* du 1er avril 1881, p. 715). L'honorable député demandait en outre que les jeunes gens, à partir de dix-sept ans, puissent, ainsi que les femmes, assister aux réunions électorales. Son amendement a été rejeté.

98. — Remarquons qu'en dehors des réunions électorales, des réunions publiques ordinaires pourraient encore avoir lieu, selon nous, pendant la période électorale, car les réunions publiques sont libres en tout temps. L'article 5 de la loi du 30 juin 1881, qui accorde certains privilèges aux réunions électorales, n'est pas en effet restrictif du droit commun ; et, en tout temps, c'est-à-dire même en dehors de la période électorale, des réunions dans lesquelles pourra être admis le public, sans aucune condition d'âge, de sexe, pourront avoir pour objet la discussion des actes, des opinions, des titres des citoyens investis de fonctions publiques électives ou aspirant à ces fonctions. Ces réunions, bien que s'occupant d'élection, ne constitueront pas de réunions électorales dans le sens spécial prévu par l'article 5 ; elles seraient par conséquent soumises à toutes les règles applicables aux réunions publiques ordinaires.

99. — La disposition de loi qui détermine le temps pendant lequel les réunions électorales peuvent se tenir est d'ordre public, et le gouvernement ne pourrait autoriser des réunions électorales, même au profit de tous les candidats, à une époque plus éloignée ou plus rapprochée que celle de la période électorale.

2. — *Composition des réunions électorales.*

100. — En principe, le caractère d'une réunion publique est d'être accessible à tout venant, mais l'article 5 de la loi du 30 juin 1881 a dû, dans un intérêt d'ordre général, déroger à ce principe en ce qui concerne les réunions publiques électorales. Il n'autorise l'accès de ces réunions qu'à quatre catégories de citoyens : les électeurs de la circonscription, les candidats, les membres des deux Chambres, le mandataire de chacun des candidats.

101. —La disposition législative qui ne permet l'accès des réunions électorales qu'aux *électeurs de la circonscription* est sage et constitue une garantie nécessaire de la sécurité et du calme des opérations électorales. Elle a pour objet d'écarter, autant que possible, des réunions électorales, les éléments étrangers qui ne viendraient s'y mêler que pour surprendre ou égarer les suffrages, de renfermer dans l'étendue de leur propre circonscription ces agents électoraux, agents utiles dans toute élection, dont le nombre est si grand depuis quelques années, et d'empêcher ainsi que l'on présente trop facilement comme adoptées par les électeurs des candidatures qui ne se seraient pas trouvées en face des véritables électeurs.

102. —Il sera parfois difficile de constater l'identité des citoyens qui voudront assister à une réunion électorale ; il arrivera que des électeurs étrangers à la circonscription s'introduiront sans droit dans la réunion ; mais si l'interdiction prononcée par l'article 5 de la loi du 30 juin 1881 peut ainsi être éludée dans plus d'une circonstance, elle n'en produira pas moins un effet comminatoire sérieux, puisque les citoyens, assistant sans droit à la réunion, pourront être poursuivis et punis comme étant en contravention manifeste avec une des prescriptions principales de la loi. La peine que les citoyens, non électeurs dans la circonscription, encourront ainsi ne sera d'ailleurs applicable qu'aux contrevenants eux-mêmes et ne saurait, en aucun cas, atteindre les membres du bureau ou les organisateurs de la réunion.

103. —Les organisateurs de la réunion électorale et après eux les membres du bureau, quand il est composé, feront d'ailleurs bien, s'ils le jugent à propos, d'établir à l'entrée de la réunion des personnes chargées de recevoir la déclaration des électeurs entrants. L'administration conservera également le droit de faire remplir cet office de surveillance par ses agents, à la porte de l'assemblée, si les organisateurs ou les membres du bureau ne voulaient pas s'en occuper. En tous cas, la déclaration des citoyens entrant à la réunion est purement verbale ; ils n'ont aucune pièce à produire, pas même leur carte d'électeur. Si les personnes chargées du contrôle ou les agents de l'autorité trouvent la déclaration inexacte ou mensongère, ils n'ont pas le droit d'empêcher celui qui en est l'auteur d'entrer dans le lieu de la réunion ; leur devoir se borne à en prendre note et à faire poursuivre ensuite le contrevenant. Le bureau pourrait toutefois faire sortir de la salle, avant l'ouverture de la séance, les personnes lui ayant été indiquées comme ne devant pas légalement y assister.

104. — Il n'est point douteux que tout *candidat,* qui se présente dans une circonscription électorale, puisse assister à toutes les réunions préparatoires qui s'y tiennent, alors même qu'il se trouverait être étranger à cette circonscription au point de vue de son domicile politique. La restriction indiquée pour les électeurs n'a point été étendue aux candidats qui, bien que ne faisant pas partie du collége électoral, ne devront pas, par cela même, être exclus de la réunion électorale.

105. — Aucun texte de loi n'astreint aujourd'hui le candidat à faire des déclarations préalables ; il peut donc poser sa candidature à tout moment pendant la période électorale et attendre même pour cela, s'il le juge bon, le dernier jour de cette période, la veille même du scrutin. Il en résulte, selon nous, qu'un citoyen, qui n'est pas électeur dans la circonscription, pourra valablement réclamer le droit d'assister à la réunion si, à l'interpellation qui lui serait faite : « Êtes-vous électeur dans la circonscription?» Il répondait: « Non, mais je suis candidat, j'entends poser ma candidature aujourd'hui même. » Nous n'avons trouvé cette hypothèse admise nulle part ; mais elle peut se présenter, et sera peut-être même un moyen, pour un électeur d'une circonscription voisine, de prendre part à une réunion électorale à laquelle il n'aurait pas eu le droit d'assister légalement.

106.— Chacun des candidats peut, en outre, se faire remplacer ou assister, dans les réunions électorales, par son *mandataire* ; ce dernier, quoique n'étant pas électeur dans la circonscription, est dès lors autorisé à faire partie de la réunion (art. 5). Un candidat peut, en effet, avoir besoin de se faire remplacer par un mandataire dans le cas où il serait malade pendant tout ou partie de la période électorale, s'il était convoqué en même temps à deux réunions se tenant le même jour, à la même heure, dans des lieux différents. Enfin si, à la fin de la période électorale, le candidat se présente dans des réunions publiques, il est bon que son mandataire l'assiste pour répondre, au besoin, aux objections qui pourraient être la conséquence de discours antérieurs tenus au nom du candidat par le mandataire.

107. — Quant aux *membres des deux Chambres*, la loi du 30 juin 1881 leur accorde également l'accès de toutes les réunions publiques électorales, alors même qu'ils ne seraient ni électeurs ni candidats dans la circonscription où se tient la réunion. Nous trouvons cette faveur

excessive : le législateur à voulu écarter les étrangers
à la circonscription des réunions électorales afin de
laisser les seuls électeurs libres de discuter les méri-
tes des candidats et de les choisir ; qui ne voit combien
la présence de députés ou de sénateurs, venant ap-
puyer tel ou tel candidat, pourra exercer d'influence
sur le choix des électeurs, et ne dira-t-on pas souvent
avec quelque raison, que des éléments étrangers à la
circonscription électorale ont surpris ou égaré les
suffrages des électeurs?

3. — *Formalités à remplir pour les réunions électorales.*

108. — Les réunions électorales ne sont pas plus
que les autres réunions publiques dispensées de la formalité de la *déclaration préalable* ; l'article 2 de la loi
du 30 juin 1881 leur est donc applicable, et l'on devra
observer les prescriptions que nous avons indiquées
plus haut (n°s 34 et suivants) à ce sujet.

109. — Il en est de même pour la composition d'un
bureau de trois membres au moins, dont l'un remplit
les fonctions de président. Il faut donc se reporter
également à nos observations précédentes (n°s 64 et
suivants).

110. — Enfin les réunions électorales ne peuvent pas
plus que les autres avoir lieu sur la voie publique, et
leur *durée* ne saurait dépasser l'heure réglementaire
de la fermeture des établissements publics.

4. — *Immunités en faveur des réunions électorales.*

111. — Le *délai* qui s'écoule entre la déclaration
préalable et la réunion électorale a été abrégé d'une
façon notable ; il est *de deux heures* seulement au lieu

de vingt-quatre. Cette réduction de délai était nécessaire pendant les périodes électorales pour permettre
aux candidats de se multiplier et de se présenter aux
électeurs réunis pour apprécier et discuter leurs titres.
Ce délai de deux heures pouvait même être un obstacle pour les réunions qu'on aurait à convoquer le
jour même du vote, c'est-à-dire lorsqu'il s'agirait d'é-
lections comportant plusieurs tours de scrutin dans
la même journée ; aussi le législateur, sans dispenser
de la formalité substantielle de la déclaration préalable, a-t-il déclaré que, dans ce cas, mais dans ce cas
seulement, la réunion pourrait avoir lieu immédiatement après la déclaration.

112. — Lors de la discussion de l'art. 9 devant la
Chambre des députés, M. J. Maigne demanda, par
voie d'amendement, que les réunions électorales fussent dispensées de la présence officielle d'un *délégué* de
l'administration (art. 9, § 5). Dans l'esprit de son auteur,
cet amendement ne comportait pour la police elle-
même aucun jugement défavorable, rien qui pût bles-
ser l'institution et ceux qui la représentent honorable-
ment, « mais il est impossible de nier, disait M. Maigne,
que la présence d'un commissaire de police soit un
signe de suspicion pour les assemblées auxquelles on
l'impose ; dès lors il ne serait pas convenable que le suffrage universel ne s'exerce que sous la suspicion et la
surveillance de la police ; il ne serait pas conforme à
la majesté du peuple souverain, à la dignité du suffrage
universel qu'il ne puisse s'exercer hors de la présence
de la police et autrement que sous sa suspicion et sa
surveillance. » Telles sont les motifs qui ont décidé la
Chambre des députés, dans sa séance du 2 avril 1881,
à affranchir les réunions électorales de la présence du
délégué de l'administration imposé au contraire à
toutes les autres réunions publiques. Mais devant le

Sénat, l'amendement de M. Maigne ne trouva pas grâce, et le paragraphe additionnel à l'article 9 a été repoussé dans la séance du 30 juin 1881.

113. — En adoptant l'amendement de M. Maigne, la Chambre des députés s'était en effet méprise sur la mission générale des fonctionnaires, dont la présence dans une réunion publique ne saurait être considérée comme une suspicion ou un attentat à la dignité du suffrage universel. Bien plus, elle semble s'être encore méprise sur les attributions spéciales que la loi du 30 juin 1881 donne aux représentants de l'auto·· rité dans les réunions publiques : « D'après nous, a dit M. Labiche, rapporteur de la nouvelle loi, la présence d'un représentant de l'autorité dans les réunions publiques se justifie à un double titre. L'autorité a la charge de sauvegarder l'ordre et elle a le devoir de protéger la liberté des citoyens qui veulent user du droit de réunion. Il n'y a aucune exception à faire pour les réunions électorales caractérisées par l'article 5, car les infractions à la loi, les entraînements des passions, peuvent se produire dans ces réunions comme dans les autres. On pourrait s'expliquer que, afin d'éviter tout danger de pression administrative, le représentant de l'autorité ne fût pas admis dans les réunions publiques électorales, si ce fonctionnaire avait autorité sur le bureau et sur l'assemblée ; s'il avait le droit d'apprécier les discours, de décider quelle thèse est permise, quelle thèse est interdite ; de donner des avertissements à défaut desquels il n'y aurait responsabilité ni pour le bureau ni pour les orateurs ; s'il avait ainsi non-seulement la direction effective des débats, mais le pouvoir de se constituer souverain appréciateur des discours des orateurs et de la conduite du bureau ; s'il pouvait enfin prendre des mesures de répression en prononçant la dissolution de l'assemblée. Mais rien de tout cela n'existe plus. La seule mission du représentant de l'autorité sera de veiller au maintien de l'ordre matériel, d'assurer le respect des droits des citoyens qui demandent à les exercer paisiblement, de constater les infractions aux lois qui pourraient être commises ; mais il n'aura pas le droit de les réprimer lui-même, si ce n'est dans certains cas rigoureusement précisés et dans lesquels il sera exceptionnellement autorisé à prononcer la dissolution de la réunion.

Tels sont les motifs qui ont engagé le Sénat à repousser la modification à l'art. 9 que la Chambre des députés avait adoptée. Dès-lors, aux termes de la loi du 30 juin 1881, les délégués de l'administration pourraient assister aux réunions publiques électorales aussi bien qu'aux réunions publiques ordinaires.

CHAPITRE V.

114. — La loi du 30 juin 1881 punit de peines
de simple police toute infraction aux prescriptions
qu'elle contient; mais avant de parler de ces peines, il
faut indiquer quelles responsabilités pèsent sur chacune des personnes qui coopèrent à l'organisation et à
la tenue d'une réunion publique.

115. — *Responsabilité des déclarants.* — Il est une
observation commune, s'appliquant aux divers cas qui
mettent en jeu la responsabilité des déclarants : c'est
que les infractions qu'ils ont commises ne sont punissables qu'autant que la déclaration a été suivie d'une
réunion. Le fait de la tenue de la réunion est un des
éléments constitutifs de la contravention. Quelque
graves que puissent être les irrégularités constatées
dans la déclaration, elles restent impunies si la réunion
demeure à l'état de projet. Il devait en être ainsi ; une
déclaration qui n'aurait point été suivie d'effet ne
pourrait porter aucun préjudice à la chose publique ou
aux particuliers ; par conséquent, l'intérêt social qui
est une des conditions de toute répression légitime,
ferait ici complètement défaut.

116. — Ceux qui ont fait la déclaration sont responsables dans les sept cas suivants :

S'ils ne sont pas au nombre de deux signataires ;

Si l'un des signataires n'est pas domicilié dans la
commune où la réunion doit avoir lieu ;

S'ils ne jouissent pas de leurs droits civils et politiques ;

Si leurs noms, qualités et domiciles ne sont pas indiqués d'une manière exacte et complète ;

Si le lieu, le jour et l'heure de la séance ne sont pas indiqués ;

Si le caractère et le but de la réunion n'est pas indiqué ;

Si la déclaration n'a pas été remise à l'autorité compétente ; — mais seulement dans le cas où la déclaration a été suivie d'une réunion.

117.—*Responsabilité des membres du bureau.* — La responsabilité des membres du bureau, président et assesseurs, est commandée en quelque sorte par la nature des choses. Ce sont eux qui représentent la réunion aux yeux de l'autorité, et l'on peut dire que, dans une certaine mesure, c'est en eux qu'elle se personnifie. De toutes les responsabilités organisées par la loi du 30 juin 1881, celle des membres du bureau est la plus compréhensible, parce qu'elle correspond à des obligations multiples et à des pouvoirs étendus. Elle s'applique à deux ordres de faits bien distincts, dont les uns précèdent et les autres accompagnent la tenue de la réunion. En ce qui concerne les faits préparatoires, rien de plus légitime que cette responsabilité : le président et les assesseurs ont accepté librement la mission qui leur a été confiée ; ils ont pu et ils ont dû s'assurer de l'accomplissement des formalités prescrites ; s'ils permettent à une réunion qui ne remplit pas les conditions déterminées par la loi de se constituer sous leur autorité, ils se rendent complices de sa violation en assistant les auteurs de l'infraction, c'est-à-dire les déclarants, dans les faits qui la consomment. Quant aux faits concomitants, aux infractions qui se rattachent à la tenue même de la réunion et à sa direction, la responsabilité des membres du bureau se justifie d'elle-même, puisqu'elle résulte d'actes ou d'omissions qui leur sont personnels ; en tolérant la prolongation de la séance au-delà de l'heure réglementaire ou la discussion de questions qui dénatureraient le caractère et le but de la réunion tels qu'ils ont été indiqués dans la déclaration, ils méconnaissent le mandat qu'ils ont reçu des organisateurs ou des membres de la réunion, et manquent aux obligations qui leur sont imposées d'une manière formelle par les articles 2, 3 et 4 de la loi.

118. — Les membres du bureau sont responsables dans les divers cas suivants :

S'il n'y a pas eu de déclaration préalable ;

Si la déclaration ne remplit pas les conditions prescrites par l'article 2 ;

Si la réunion a lieu avant l'expiration du délai qui doit suivre la délivrance du récépissé — deux heures pour les réunions publiques électorales, vingt-quatre heures pour les autres ;

Si elle a lieu en dehors de la période pendant laquelle la loi l'autorise, — condition spéciale aux réunions électorales, qui ne peuvent être tenues qu'à partir de la promulgation du décret de convocation d'un collège pour l'élection d'un député ou d'un sénateur ;

Si elle se prolonge au-delà de l'heure fixée pour la fermeture des lieux publics ;

S'ils ont toléré que le caractère de la réunion soit changé.

119. — *Responsabilité des organisateurs de la réunion.* — La responsabilité des organisateurs de la réunion a pour caractère particulier de n'être que subsidiaire.

Elle n'a d'autre objet que de suppléer à celle du président et de ses assesseurs ; elle ne se produit que lorsqu'il n'a été formé aucun bureau : les organisateurs s'en exonèrent donc entièrement par la constitution d'un bureau.

120.—Deux questions s'élèvent relativement à la responsabilité des organisateurs d'une réunion ; que faut-il, entendre par ces mots, *les organisateurs ?* de quelles contraventions sont-ils responsables ? Et d'abord, il ne faut pas confondre les *organisateurs* avec les *déclarants.* En effet, après avoir donné leurs signatures, les deux déclarants ou l'un d'eux, peuvent demeurer étrangers à tous les actes qui constituent l'organisation de la réunion, c'est-à-dire aux mesures matérielles prises pour en préparer et consommer la tenue ; en pareil cas, la responsabilité résultant du défaut de formation d'un bureau ne leur sera pas applicable et retombera tout entière sur les personnes qui auront pris, en fait, la direction des actes préparatoires.

121.—La responsababité des organisateurs s'étend, en outre, à toutes les infractions qui engageraient celle des membres du bureau s'il en avait été formé un; elle se trouve substituée, en quelque sorte, à celle du président et des assesseurs qui échappe. Les divers cas qui rendent les organisateurs passibles des peines édictées par l'article 9 peuvent donç être énumérés ainsi qu'il suit :

Si aucun bureau n'a été formé ;

S'il n'y a pas eu de déclaration préalable ;

Si la déclaration n'est pas conforme aux prescriptions de l'article 2 ;

Si la réunion a eu lieu avant l'expiration du délai légal ;

Si la réunion (électorale) a eu lieu en dehors de la période pendant laquelle la loi l'autorise ;

Si elle se prolonge au-delà de l'heure fixée pour la fermeture des lieux publics ;

Si des questions dénaturant le caractère de la réunion viennent à y être discutées ; mais seulement dans le cas où aucun bureau n'a été constitué.

122. — *Responsabilité de ceux qui se sont introduits illégalement dans une réunion publique électorale.* — Il s'agit ici d'une responsabilité d'un caractère spécial, qui ne trouve son application que relativement aux réunions électorales. L'article 5 exclut de ces réunions les personnes autres que les électeurs de la circonscription électorale. Des fraudes nombreuses ne manqueront pas de se produire dans la pratique ; il arrivera souvent que des électeurs étrangers à la circonscription s'introduiront sans aucun droit dans une réunion électorale. Sur qui la loi devra-t-elle faire porter la responsabilité de cette infraction ? Sur les organisateurs, coupables de n'avoir point exercé ou fait exercer, à l'entrée de la réunion, un contrôle suffisamment efficace ? Ce serait faire supporter la peine de faits auxquels ils ont pu demeurer complétement étrangers, car rien ne sera plus facile que de surprendre leur bonne foi ou celle de leurs agents. Il a paru plus équitable de frapper ceux-là mêmes qui se seront introduits illégalement dans une réunion électorale ; il est conforme au droit et à la nature des choses qu'ils soient déclarés responsables d'un acte qui leur est personnel.

123. — *Des pénalités.* — Les infractions aux dispositions de la loi du 30 juin 1881, constituent des contraventions prévues et punies de simple police (art. 10 et 11). Le projet de loi prévoyait des infractions qui devaient constituer, tantôt des délits, tantôt des contraventions ; mais par suite de modifications nécessaires à la rédaction primitive, ces infractions ne peuvent plus constituer que des contraventions. C'est ce qui a fait supprimer l'expression de *délits* qui précédait le mot *contraventions* dans la rédaction originaire de l'article 11.

124. — Ce sont les juges de paix comme magistrats de simple police qui seront compétents pour connaître des infractions à la loi du 30 juin 1881. Ils devront prononcer autant de pénalités qu'il y aura de contraventions établies ; plusieurs contraventions peuvent être relevées contre une même personne, à la condition qu'elles proviennent de faits distincts.

125. — Les excuses tirées de la *bonne foi* et de l'erreur ne doivent pas être accueillies ; l'effet matériel suffit pour établir en faute ; la question d'intention ne peut être relevée qu'en matière de délits, et non de contraventions. Cependant, comme l'a dit la cour de cassation dans un arrêt du 9 décembre 1859 : « Si la bonne ou la mauvaise foi n'est pas à rechercher, il faut du moins que le fait poursuivi ait été librement et volontairement accompli. » En un mot, il faut la volonté, en ce sens qu'il est nécessaire que l'on ait eu la pleine volonté d'accomplir le fait qui peut être délictueux sans qu'on s'en doute.

126 — Quant à l'excuse tirée de la *force majeure*, il est certain qu'elle est admissible en nature de contravention comme en toute autre ; à l'impossible nul n'est tenu (cass. 28 février 1861 et 28 avril 1865). La cour de cassation pourra d'ailleurs vérifier si les faits et circonstances relevés par les juges du fond, présentent les caractères légaux de la force majeure.

127. — Les règles ordinaires de la *complicité* ne s'appliquent point aux contraventions ; on ne pourra donc en matière d'infraction à la loi du 30 juin 1881, rechercher un citoyen, en vertu des art. 59 et suiv. du code pénal, sous prétexte qu'il aurait par dons, promesses ou menaces, etc., excité ou provoqué des actes réprimés par la loi précitée ou qu'il aurait aidé ou assisté les contrevenants.

128. — *Quelques cas de culpabilité.* — Le refus d'obéir aux injonctions du bureau n'est pas prévu par la loi du 30 juin 1881, il n'est donc pas punissable.

129. — Constitue au contraire une contravention, le fait de refuser d'obéir aux injonctions du délégué de l'administration, dans le cas où la loi lui donne le droit d'intervenir. Si le délégué agissait en dehors de son droit, il n'y aurait pas contravention à résister à ses injonctions.

130. — Si des violences sont exercées, des injures dites dans une réunion, elles rendront passibles des peines que ces faits emportent, indépendamment de celles qui seraient encourues pour contraventions à la loi sur les réunions, commises en même temps. C'est ainsi que le trib. corr. de la Seine a, le 22 janv. 1869, condamné M. Peyrouton en trois mois de prison et 200 fr. d'amende pour avoir tenu dans une réunion publique des propos de nature à exciter le mépris ou la haine des citoyens les uns contre les autres ; mais le même jugement a refusé de considérer M. Horn, président du bureau, comme complice de ce délit, « attendu, dit le jugement, que la complicité de droit commun n'existe pas dans le fait d'avoir présidé une réunion dans laquelle l'orateur, s'écartant de l'objet de la discussion, et alors qu'il n'est pas établi qu'il y ait eu un concert et une entente préalable entre lui et le président, a commis, par la voie de la parole, un délit. »

131. — Les propos diffamatoires ou injurieux tenus dans une réunion publique seraient nécessairement publics.

132. — D'après le principe général qui régit aussi bien les contraventions que les délits, les peines encourues pour contravention à la présente loi et pour crimes et délits commis au jour de la poursuite ne pourront pas être cumulées.

133. — La *prescription* des infractions commises à la loi sur la liberté de réunion sera de six mois.

TABLE DES MATIÈRES

www.ingramcontent.com/pod-product-compliance
Ingram Content Group UK Ltd.
Pitfield, Milton Keynes, MK11 3LW, UK
UKHW021747090726
13657UKWH00002B/985